知识生产的原创基地
BASE FOR ORIGINAL CREATIVE CONTENT

颉腾商业
JIE TENG BUSINESS

付遥◎著

销售漏斗

销售团队快速赋能课

中国广播影视出版社

图书在版编目（CIP）数据

销售漏斗：销售团队快速赋能课 / 付遥著. --北京：中国广播影视出版社，2023.7
ISBN 978-7-5043-9068-4

Ⅰ.①销… Ⅱ.①付… Ⅲ.①销售—通俗读物 Ⅳ.①F713.3-49

中国国家版本馆CIP数据核字（2023）第135293号

销售漏斗：销售团队快速赋能课
付 遥 著

策　　划	颉腾文化
责任编辑	王　萱　彭　蕙
责任校对	张　哲

出版发行	中国广播影视出版社
电　　话	010-86093580　010-86093583
社　　址	北京市西城区真武庙二条9号
邮　　编	100045
网　　址	www.crtp.com.cn
电子信箱	crtp8@sina.com

经　　销	全国各地新华书店
印　　刷	文畅阁印刷有限公司
开　　本	147毫米×210毫米　1/32
字　　数	130（千）字
印　　张	6.5
版　　次	2023年8月第1版　2023年8月第1次印刷
书　　号	ISBN 978-7-5043-9068-4
定　　价	59.00元

（版权所有　翻印必究·印装有误　负责调换）

CONTENTS | 目录

第一章 初识漏斗大法	1. 师徒初遇	002
	2. LTC——销售漏斗管理	008
	3. 团队协同作战	012
	4. 抓手与工具	014
	5. 指挥体系	017
	6. 大法核心：以客户为中心	020
	7. 2C 适合吗？	023
	8. 何处着手	026
	宁萌学习笔记	029
第二章 销售报表管理	1. 代父出征	032
	2. 精简销售报表	036
	3. 赢率	042
	4. 指标	046
	宁萌学习笔记	053
第三章 销售流程管理	1. 叶归入职：销售运营	056
	2. 目标细分	058
	3. 颜色管理	061

	4. 销售例会	074
	5. 辅导表格	079
	6. 心态比能力重要	086
	7. 慎用 CRM	097
	宁萌学习笔记	106

第四章
客户拓展

1. 人是变革的核心　　110
2. 客户拓展表　　117
3. 实践　　123
   宁萌学习笔记　　166

第五章
赋能

1. 简化技巧　　170
2. 重奖激励　　176
3. 快速赋能　　181
4. 倾听提问　　183
5. 顾问式销售　　187
6. 面对竞争　　188
7. 拜访决策者　　190
8. 工具　　193
   宁萌学习笔记　　200

后记　　202

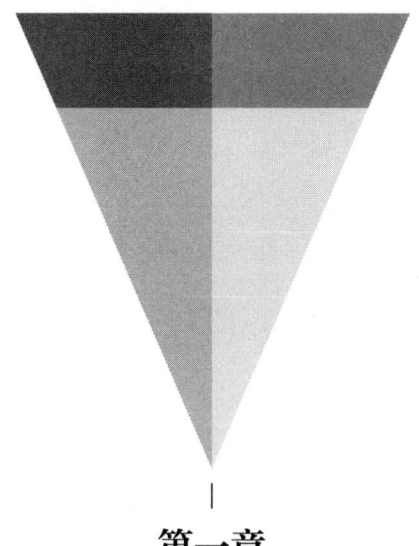

第一章
初识漏斗大法

1. 师徒初遇

叶归在背靠雪山的右镇酒吧里小酌，仰望星空时，仍然感到心惊肉跳。在登顶成功返回小镇的路上，他不慎踩空摔下山坡，在那一刹那，他明白了一个道理：人生只是过程，输赢并不重要。回忆以前的生涯，没日没夜地驱动企业高速发展，几乎住在办公室里，全体员工996嘛，每天都在疯狂和亢奋中。他工作10余年都是这样度过的，员工也是这样，年轻员工没时间谈恋爱，结婚的没时间陪父母、爱人和孩子，他们的确把大把钞票赚回家了，但这就是人对家庭的全部奉献吗？

直到有一天，一个35岁的员工在开会途中，起身去倒水，艰难地用墙支撑身体，随后硬邦邦地倒在叶归面前。在那一刹那，叶归的信念动摇了，我把公司变成了一台商业机器，可是员工是人不是机器。叶归从商场中"杀"出来，抢占每一个风口，必分输赢，可这真的重要吗？无非是一堆合同和一些数字，人生中重要的事情不多,何必在意每次输赢?

叶归史无前例地给自己放了一个长假,来到云南的雪山,他想做一个试验,所谓文武之道,一张一弛,事业和生活是矛盾的还是相得益彰的?直到现在,他仍然极为困惑,心思常常飞回办公室,旅程变得毫无乐趣,他心不在焉,差点儿跌下悬崖,直到握住她的手,看到她勇敢的目光。

"我叫宁萌。"她一直使用"柠檬"这个网名,她和叶归在登山队巧遇。即将滑落悬崖时,多亏她的帮助叶归才得以逃生,她有着清雅的脸庞,美丽且与众不同,五官极为精致,个头不高也不算矮,身上散发着柔柔的气息,更多的是善良和体贴,目光中透着勇敢。宁萌缩在沙发里,自由自在的旅程要结束了,自己该怎么选择,是出国读书,还是穿上高跟鞋端坐在格子间里上班?

"我叫叶归,在企业工作。"叶归简单说了自己的名字,他享受这云南的夜空,明天就要回去了,回到密不透风的钢筋水泥般的城市中继续生活。他发现自己失败了,旅程中仍然没办法离开工作,他曾经希望自我放逐,登到绝顶,从无尽的苍穹中审视灵魂,放弃外在,获得感悟,透彻心灵。此时两人各有心事儿,沉默了一会儿,叶归望向宁萌:"有心事儿吗?"

两人在旅程中结下了非同一般的友情,他或许能为我出谋划策,想到这儿,宁萌开口说道:"我就要毕业了,准备出国读书,可是我家是家族企业,业绩一直不太好,我又想留下来帮助家里的企业。"

"详细说说。"叶归有了兴趣,她肯定不会无缘无故跑来登山。

"老板，两大扎。"夜色带来异样的氛围，啤酒喷着泡沫被送来，宁萌喝了一口啤酒，敞开心扉，详细讲起公司的情形。宁萌的父亲原本在国营设计院工作，十几年前投身商海，创建了一家设计和装饰公司——柠檬设计，发展得顺风顺水。宁萌的爷爷在建筑设计院做总设计师，曾经参与设计了奥运会的建筑，在柠檬设计发展壮大之后，宁萌的爷爷也加入公司，担任总设计师。中国城市大发展，高楼大厦如云蜂起，仅上海这一座城市正在建筑的高200米以上的高楼大厦的数量便超过全美国，跨国设计巨头杀入中国，北京央视大厦和广州塔（昵称"小蛮腰"），这些知名建筑的背后都有跨国设计公司的影子，竞争越来越激烈，大订单与跨国设计巨头竞争，中小订单与本地设计院打得不可开交。跨国公司设计能力和品牌强劲，销售团队是正规军，摧枯拉朽，本地企业也不等闲，关系盘根错节，柠檬设计最近几年一触即溃，形势堪忧。叶归一边听，一边触控手机屏幕，建筑行业、市场和客户的信息尽入脑海，竞争格局在脑中成形。

"我家的家族企业，爷爷负责设计和规划，我姑父负责施工和服务，爸爸总管全局。但我爸爸身体不好，三年前……"宁萌说不下去了，想起父亲因病离世的情形，泪水涟涟。叶归递上纸巾，轻拍她的肩膀，这种悲伤不是用语言可以化解的。宁萌啜泣许久："爸爸不在了，我二叔来管公司，他来自政府机关，为人处世很有一套，却不太懂企业管理，盲目扩张，收购家具厂，开了七八家分公司，规模扩大很多，但是经营不善，又开始裁减员工，只保留北方、华东和华南分公司，公司再没有过去的锐意进取，形势更加不好。如果我出国读书，担心公司就会垮了。"

二十几岁的女孩儿拯救公司确实担子太沉，叶归不轻易劝人："想清楚了吗？"

宁萌泪水再次泛滥："柠檬设计是爸爸一辈子的心血，我当然想挽救公司，但我担心做不到，竞争太激烈了，我怕亲手毁了公司，让爷爷难过。"

"为了父亲和爷爷放手一搏，尽心尽力，何必在乎输赢？"叶归明白了她的心意，劝她接受挑战。

"爸爸在的时候，柠檬设计乘风远航，现在变成了一艘漏水的破船，二叔和姑父还斗来斗去。"宁萌讲了二叔和姑父拉帮结派，暗自角力，爷爷无可奈何的情形，"千头万绪，从哪儿开始？"

"饭要一口一口吃，仗要一场一场打。"叶归将啤酒喝空，忽然意识到，他放开了自己公司的那些事情，沉浸到宁萌的家族企业之中了。

"公司里太复杂了，按下葫芦浮起瓢，就像抱着刺猬，不知道从哪儿下手。"宁萌做了一个夸张的手势，形容自己左右为难。

"让我看看财务报表。"叶归进入工作状态，语气变得不容置疑。

"哦，好。"机密商业信息本不应该给外人，他算外人吗？自从两人拥抱着从危崖摔落，两人之间便多了一层奇妙的感觉。

她在手机里找到报表拿给叶归，叶归看到了熟悉的格式，陌生的内容，看了一遍之后，放下手机苦笑说："很难。"柠檬设计的销售收入在三年前达到了顶峰，大约十亿元，从此开始了剧烈下滑，去年只有六个亿，盈利水平更是难看，还有一大堆负债，如果用一个词来形容，就是资不抵债。

宁萌没了登山时的单纯笑容："我知道。"

"但也不是不可能。"叶归露出了笑容，他经营企业从来没有遇到过柠檬设计这样的窘境，他有些分辨不清，自己的兴趣源自拯救公司还是帮助宁萌，或许这是一件事。

"有希望？"宁萌的眼中闪耀着希望的光芒。

"嗯，企业管理无非是战略、团队和流程这三件事儿。"叶归在经营企业的过程中，边做边学，梳理出自己的管理方法，"战略呢，你刚才说了，短期就是让柠檬设计起死回生。"他想想又说道："流程很单纯，复杂的是人心，我可以帮你梳理流程，却不能帮你做人。"

"流程？"宁萌将信将疑，叶归虽然看了报表，却并不了解柠檬设计的实际情况。

"我们五天前在丽江集合，聚餐认识；四天前到达山脚下，检查装备，登山杖、羽绒服、帐篷，一个都不能缺；三天前在黑海子扎营，搭帐篷，煮面；两天前在大本营检查血压后休息；昨天越过雪线冲顶，十二点前如果不能成功就要原地返回，万一石板坡结冰，谁也不能在海拔五千多米的山顶存活。"叶归回想着在登山时得到的领悟，"这就是流程，包括关键过程的关键节点、步骤、时限和资源,就像我们的路书。"

"所以呢?"宁萌想不通,"这些就能拯救家族的公司?是不是过程做好了就会有好结果?"

叶归展开了联想:"也有突发情况。"

叶归经历意外,差点儿滑下万丈深渊,幸亏有宁萌拼力相救才得以在酒吧小酌。

"竞争对手和客户都是不可控因素。"叶归碰了碰酒杯,"我看过一则新闻,有一支消防队获得了全国性的嘉奖,可是他们根本没有扑灭任何一场大火。"宁萌想不通,没有任何抢险成绩怎能获奖,叶归从中悟出了道理:"这支消防队培训老百姓,检查消防隐患,社区很少有火灾,即便有了,人们懂得灭火,很快就能扑灭,连续十几年这个社区都没有发生大型火灾。"

"我懂了,梳理好流程可以让我们避免外在的影响。"宁萌佩服叶归把道理讲得这么明白,可是对拯救公司仍然看不到希望,"企业流程很多吧?我应该从哪里入手?"

"企业有研发、生产、销售和服务这些核心业务流程,人力资源和财务属于支撑流程,但是赚钱的部门只有销售部门,按照柠檬设计的情况,应该先加强销售,梳理销售流程,先续命再图发展。"叶归仅仅看了三张财务报表就得出了大概的结论。

"销售流程?"宁萌听父亲说过这个词,"抓住销售流程就能让公司起死回生吗?"

"嗯,有空的时候我再详细说说。"叶归特意为自己的假期多留了好几天。

第一章 初识漏斗大法 007

宁萌受到了些许启发，攀登雪山要做路书，梳理销售流程是不是也该这样，制定关键节点、步骤、行为和检查点？具体又是什么？宁萌茫然没有头绪，容颜如同明月一般无瑕："明天去哪里？"

"洗衣服。"叶归笑着站起，"回房间好好睡一觉，明天聊。"

"喂，你来旅游的还是做家务？"宁萌打听到了好几处景点，玉龙雪山下的花海和拉市海的湖泊都是她向往的地方。

"我本来想去玉龙雪山，但是你既然要拯救公司，那么我决定明天洗衣服。"叶归站了起来，"对了，你有没有计划多留几天？"

两人在登山途中偶遇，都不知道对方的计划，如果他多讲讲企业管理，不妨多留几天，宁萌决定暂时相信他一次："好，我多留几天，对了，你要去哪里？"

"北京。"叶归的公司总部在北京，他的长假就要到期，可是他在旅程中仍然没有找到答案。

"巧了，我也回北京。"宁萌很开心，难得遇到这么好的一个旅伴，她和叶归喝了最后一杯啤酒，返回房间，心里仍然在嘀咕，洗衣服可以梳理销售流程，他不是骗子吧？

2. LTC——销售漏斗管理

他们入住了一家客栈，外面有大大的院子和鲜花。第二天，云贵高原的阳光透亮，天空如同纯净的蓝宝石。清晨，宁萌走出房门,叶归拎着一桶衣服招手:"这么好的天气,正好晒衣服。"

他凭什么洗女孩子的衣服?宁萌心里升起了疑问,叶归在登山途中很专业,一点儿也不冒失。还好篮子里没有贴身衣物,只有冲锋衣和外套这些,叶归将一堆夹子交给宁萌:"总共九件衣服,用这些夹子能晒几件?"

不用衣架用夹子?脑筋急转弯?宁萌把冲锋衣用两个夹子固定在晾衣绳上,见它被风吹得摇摆,在中间又用一个夹子固定住,然后拎起一件登山裤,借用旁边的夹子,五个夹子晒了两件,向叶归伸手:"夹子。"手中却拿到一个三明治。叶归说道:"吃早饭,想想九个夹子怎么晒九件衣服?"宁萌吃着三明治,想着他又做早餐又洗衣服,还挺贴心。她将三明治吃完,喝着果汁:"一大早干吗刁难我?"叶归抓起登山露营用的毯子,用一个夹子将毯子挂起来,毯子被一阵风吹落到草地上,宁萌心疼:"你干吗呀,一个夹子怎么能夹住毯子?"

"没办法?"叶归一边喝果汁一边说道,"要梳理流程就要找到关键节点,如果只控制结果,流程就会失控,我们梳理流程就要先找到这些关键节点。"他用更多夹子固定好毯子,用晒毯子说明了梳理流程的基本原理:"我看了你们的财务报表,这是结果,我们要建立这些关键节点,然后用夹子把流程固定起来,就像这样。"他指着被牢牢固定的毯子。

宁萌好奇,叶归昨天讲了路书、制定关键节点、步骤和时限才能完成任务,今天让自己晒衣服讲了梳理流程的原理,显然很懂这些:"你不是登山教练吗?快招供,你到底是做什么的?"

"互联网。"叶归的回答很模糊,"我们先梳理销售流程,可是建筑设计行业与众不同,连一张图纸都没有就要拿到设计费,从发现客户到签订合同再到施工和收款,短则一年长则两年,比晾衣服要复杂得多。"

宁萌被说中心事,唯有叹气:"做生意越来越难了,每个订单都不容易。"

叶归和宁萌晒好衣服,回到餐桌,叶归指着锅碗瓢盆说道:"做生意就像吃饭一样,要想吃饱,必须吃着碗里的订单,看着盆里的销售线索,惦记着锅里的目标客户。"

宁萌心中一动,销售做不好是因为商机不足吗?"桌上有了就能吃到嘴里吗?"

"嗯,但先要有商机。"叶归向后一靠,自己恰好能帮忙,不能见死不救,"从客户到商机再到收款的过程就是销售流程,又叫作销售漏斗管理。"宁萌抱着不妨一试的态度认真听着,叶归在登山时悟出了结果和过程的关系,正好解释销售漏斗的概念:"销售追求结果,结果由过程决定,过程和结果不矛盾,结果是既成事实,唯有过程才可以管理,每个环节都做好了就会有好结果,这就是销售漏斗的核心。"

宁萌泡了普洱茶,托着下巴看着晶莹剔透的茶水。叶归拿出黑色记事本,两面覆盖黑色软牛皮,里面夹着质地优良的白纸。叶归在白纸上画出一幅图来,他的基本功极为扎实,图形栩栩如生:"'兵者,国之大事,死生之地,存亡之道,不可不察也。'每个订单便是一场战争,应该要管理起来。"

目标客户 ➡ 销售线索 ➡ 订单 ➡ 收款

柠檬设计的每笔生意短则半年长则一年，加上回款周期甚至长达两年，即使不断投入人力和财力，稍有不慎，仍然会丢失订单。公司只看结果，不重过程管理。叶归的笔尖在白纸上画着图形："柠檬设计的销售收入大约六个亿，每个订单平均一百万元，赢了大约六百个订单，赢率是百分之三十，应该找到了两千条商机，这些商机来自哪些客户？哪些地区？哪些行业？"

吃着碗里的订单，看着盆里的销售线索，惦记着锅里的目标客户，宁萌越琢磨越有道理："嗯，应该把销售流程梳理好，公司能够造血，才能起死回生。"

"华为采用了一套名叫LTC（Leads To Cash）的方法，L是指销售线索，C是指收款，LTC就是把从线索到收款的流程管理起来。"叶归侃侃而谈，"LTC是销售漏斗管理的一个称呼，英文是Funnel或者Pipeline，中文有时被称作商机管理或者销售线索管理，本质上都一样。"叶归将概念介绍清楚之后，指着外面花架之间的晾衣架说："就像晾衣服，将销售线索的关键节点用七八个夹子紧紧夹住。"叶归就像老师一样，有完全不同的气场。

宁萌坐在花海下听得津津有味："梳理流程，达成目标！"

销售漏斗本质上就是定义销售流程，持续改进，发现更多商机，提高赢率，增加销售收入。叶归喜欢讲故事让别人去悟："我秋天常去上海吃蟹，以往结账时流程复杂，总共五个步骤：

第一步，将服务员唤来；第二步，去收银台取账单；第三步，服务员回来收款；第四步，服务员回收银台找零或者去刷信用卡；第五步，服务员取发票。就这样不停地往返。现在是互联网时代，流程已经变了，外面扫码点餐，开出电子发票，不用找零，一次全部做完，这就是流程改进。"

"降本增效。"降本就是降低成本，增效就是提升效率，宁萌说出了改进流程的一个益处，又补充道，"迅速结账，提升客人满意度，客人及早离开，提高翻台率，增加销售收入。"

"改进销售流程就可以降本增效，提升客户满意度。"叶归曾经亲手打造销售流程，所向披靡，对手大都是三招两式，时灵时不灵，根本不是对手。

"嗯，漏斗大法不仅是销售流程管理工具，也能改变销售团队的作战能力。"叶归改变了称呼，把销售漏斗管理称为漏斗大法，在他看来，这对年轻的宁萌更有趣。

"练成大法，纵横江湖无敌。"宁萌果然很喜欢这个叫法，"你详细说说。"

3. 团队协同作战

"学习漏斗大法还可以形成共同的销售语言，促使团队协同作战。"叶归这句话不是平白无故说的，大多数公司如同游击队，见到生意如见猎物，拎起刀枪就去打，没有章法和配合，更谈不上战术配合。

这说到宁萌心坎儿上了，柠檬设计的每个订单都在数十万到数百万元之间，超级订单甚至达上千万元，现在各自为战，赢了吹嘘客户关系好，输了说价格太高，推卸责任。尤其面对一些超级项目，跨国设计企业组成近十人的团队，销售团队和设计师形成组合，配合默契，柠檬设计十有八九会铩羽而归。宁萌若有所悟，又不完全理解，问道："销售语言是什么？"

"发现第二根骨头，拉长两端，做厚中间。铁三角前期挖到土豆，中间能够筑堡垒，为对手埋地雷，呼唤炮火，取得重装旅支持，后期管理预期，减少实施风险，形成作战蜂群。"这段话如同江湖黑话，似乎包含销售战术，宁萌似懂非懂，叶归细细解释："这段话来自华为，发现第二根骨头是指跳出传统的销售流程，深入研究客户的采购心理、周期和行为；拉长两端，是指不仅要做好招投标工作，也要引导出需求，挖出看不见的商机；引导客户购买标准，将优胜指标埋进去，筑起堡垒，把对手的致命缺陷体现出来，埋下地雷；销售之后要管理实施风险，确保满意度和应收账款的回收。铁三角由负责关系的客户经理、负责技术的售前工程师、负责服务的实施工程师组成，在细分市场上充当先头部队，有小项目就一口吃掉，遇到大型项目则呼唤地区总部的重装旅，团队作战。销售人员担任总协调人，领导盯住客户决策者，技术盯技术，男盯男，女盯女，24小时不放松，毕其功于一役。"

难怪华为纵横天下，竟有这么严密的团队作战方式，叶归是此中高手："团队作战并不容易，必须有共同的语言，在作战会议上把情况说清楚,比如客户处在什么采购阶段,发起者是谁,决策者是谁,客户痛点是什么,投资回报率分析,价值建议书,优胜指标、致命指标和沉睡指标是什么,全是销售语言。"叶归经历过商业大战,他于平淡中闪耀着难以察觉的光芒,在宁萌眼中画上一抹神奇的色彩,他最后强调:"销售战术语言标志着企业的作战能力和水平,柠檬设计在全国有五十多位销售员,如果没有战术,便是游击队的打法,只能打些小订单,遇到正规军,只能夹着尾巴逃跑了。"

宁萌正在思索的时候,客栈老板喊着开饭,腊排骨的香味飘进来,宁萌仍然意犹未尽,叶归把碗筷塞到宁萌手中:"先吃饭,下午聊。"

4. 抓手与工具

看着宁萌期盼的眼神,叶归同意出去旅行。秋满枝梢,两人骑行在拉市海旁的鲜花海洋,叶归还不忘记讲述:"漏斗大法还是完成销售目标的抓手。"他下了自行车和宁萌并肩推行,"销售收入、利润和现金流都可以通过这个抓手来推进。"

宁萌不想出来玩的时候也谈企业管理,可是现金流三个字让她心头一震,建筑设计行业的发展空间逐渐被填满,竞争日趋激烈,税费、成本和开支急剧增长,生存环境愈发恶劣,都体现到现金流上,一旦资金枯竭,爸爸的心血就要付诸东流,只好收敛玩心问道:"每个关键节点和步骤都是抓手吗?"

"聪明！这还是销售预计的工具。"叶归坐在企业顶端，要求团队每周提交报表，通过层层销售例会，将这套体系作为抓手，确保生产和供货计划，避免过度库存，提升运营效率，驱动公司发展壮大，滚滚向前。

"怎么能预知下个季度的销售收入？"宁萌从现金流的问题中跳了出来。

"从发现客户到签下来，销售周期多长？"叶归提示道。

"六个月到一年。"宁萌话一出口便明白了，今天的合同，销售团队可能在年初就开始跟踪，只要将销售机会汇总起来，便能做出销售预计。

叶归来到一处湖边滩涂，把自行车放倒，捡了根树杈，如同写书法作品一般，在地面上画起来。滩涂面积极大，宁萌从背包里取出无人机，让无人机腾上云霄录制，把视频导入到平板电脑，在湖泊和花海之间，在叶归的树枝之下，图形和字迹渐渐显示出来。

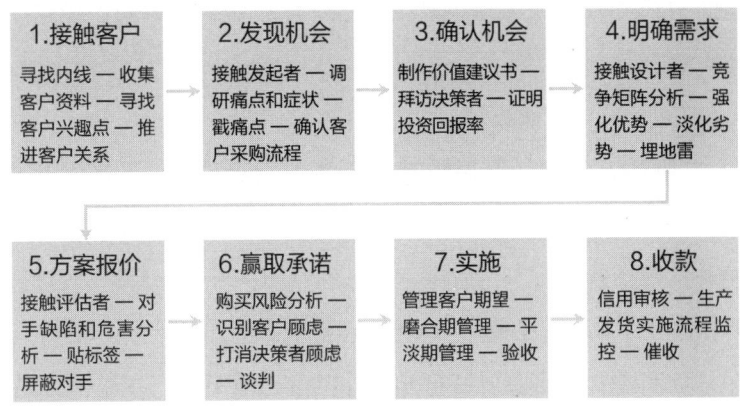

"看起来好漂亮。"宁萌指着画面,叶归在滩涂、湖泊和花间写字,有种让人震撼的美感,她渐渐从风景移到字迹,"就像登山一样,扎扎实实地做好每个节点和步骤才能冲顶成功。"她理解了路书和销售管理之间的关联,"我们的销售团队一步步来,就会有效果。"

"这是标准流程,每个企业都要调整。"夕阳西沉,叶归和宁萌并肩坐在枯树干上,望着火红的晚霞,说道:"真舍不得离开。"

"我要先回北京,让公司起死回生,明年再来。"宁萌舍不得结束这段旅程,北京有一副担子压得她喘不过气来。

"好!"叶归和宁萌击掌为誓,两人在苍茫中笑着。叶归却有些担心,宁萌还是一个刚毕业的学生,会不会在残酷的商场中被撕成粉末?

宁萌跳下枯树干,恭恭敬敬地如同古人一般施礼:"师父在上,受我一拜!"叶归有些惊慌,这是什么意思?他生性高傲,会下意识和陌生人保持距离,慌不择言:"我们是网友,搞这个干什么?"

"网友?"宁萌鄙视着叶归。

"哦哦,我们是并肩攀登经历过生死的对手,不是网友。"叶归想起两人滚落山崖的情形,连忙道歉。这句话深深伤害了宁萌,她推着自行车往回返,不搭理叶归,一前一后返回客栈。叶归拦在宁萌门口说道:"你愿意拜师就拜吧。"

宁萌非常不满意叶归把她当作网友,放下自行车说道:"你既然当了师父，要负责到底。"

"负责到底？"叶归有些发晕，这句话似乎有其他的含义。

"孔子云，学而时习之。"宁萌将不快抛到脑后，"你当了师父，就要教会为止。"

"养不教，父之过；教不严，师之惰。"叶归松了一口气，"你要乖乖听话。"

宁萌与叶归击掌后跑入客栈说："师父，快给徒弟打洗脚水去。"叶归摇头苦笑，觉得自己这个师父的地位实在太低了。

5. 指挥体系

做了师父的叶归打好洗脚水，知道这是说她是网友的惩罚。宁萌双脚放进去问："明天去哪儿玩？"

"你是路书小能手，听你的。"叶归另打一盆，双脚伸进去，他急于在旅行的最后几天把这些方法都灌入宁萌的记忆里，他打开膝盖上的记事本，画了三层的流程：第一层是管理流程，包括目标细分、销售报表、颜色管理、销售例会和辅导；第二层是销售流程，包括建立信任、激发需求、促成立项、引导指标、屏蔽对手、打消顾虑、管理期望和收款，其中包含客户信息表、客户关系发展表、痛点影响表、价值建议书、购买标准表、竞争分析表和缓解风险表；第三层是销售能力，包括倾听提问、顾问式销售、面对竞争、拜访决策者。

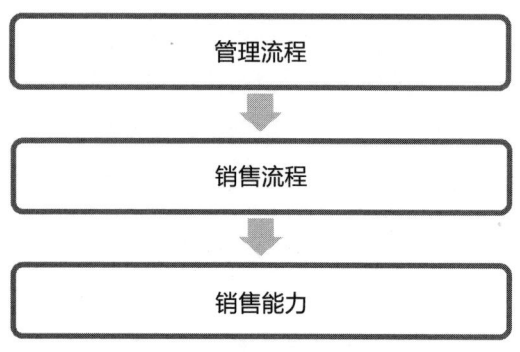

"漏斗大法提纲挈领,将管理流程、销售流程和销售能力全部贯通,蕴含了很先进的销售方法。"

"不听不听,王八念经。"宁萌听够了这个漏斗大法。

"你不听这些,怎么让你父亲的公司起死回生。"叶归有些着急。分别在即,宁萌就像一个孩子,怎能担起拯救公司的任务!

"哎,我找到了一家白族烤肉,我们可以一边吃一边聊。"宁萌没有被说服,她在登山队负责路书,做得精准详尽,登山返回后早已做好了当地攻略。

"哼,一心二用。"叶归向来专心致志,不喜欢分心。

"我问你,你大学是哪家?"宁萌想看看叶归的实力再教育他,当他说出大学时,宁萌惊讶:"学长好。"

"学妹!"叶归也非常惊讶,这个小女孩儿竟然也是学霸,可惜自己毕业比较早,在校园没有遇到,这一层关联关系,顿时让两人亲近不少。

"那我问你,你读书的时候属于那种死读书的,还是上课好好学下课就解放?"宁萌自己下课很少再去读书,而是参加学生会活动，周末自然少不了逛街、看电影、玩剧本杀。叶归大一时喜欢电玩，后来迷上技术，开发各种各样的小程序，这是他后来创业的萌芽。

"生活嘛，应该学习和吃喝玩乐两不误。"宁萌将做好的攻略交给叶归。

叶归吃了一惊，这在正常人看来非常容易理解的概念，在他心中却激起了波澜，我们真能做到工作和生活两不误吗？如果这样，企业就可以放弃996，可是其他互联网公司仍然枕戈待旦，自己突然放弃这个行业潜规则，会不会被远远抛下？想到这里说道："好吧，我们就试试学习和吃喝玩乐两不误。"

"继续说吧。"宁萌用双脚开心地击打着木桶，很难想象这样一个刚毕业的姑娘能够让家族企业起死回生，宁萌看了他一眼说："你真的不能一心二用的话，告诉你一个秘诀，在学习之后、开始玩之前，把学到的内容在脑子里过一遍，记在本子上，知识在脑子里这么一进一出，就很难忘记。你刚才讲到，管理流程、销售流程和销售能力应该相互打通，相辅相成，缺少任何一环都不能奏效，继续吧。"

叶归又讲述了一个故事："第一次世界大战是战壕战，架设马克沁机关枪防守战线，哪怕抢下数百米的阵地都要牺牲成千上万士兵的生命。一战结束后，各个国家都在思索如何突破传统战术，于是坦克应运而生，但是英法两国没有在战略和战术上形成合力。换句话说，高层指挥官、中层将领、基层连排长和士兵对坦克的认知都不一样，坦克部队的最大单位是营级，配在步兵师中。二战爆发之后,盟军仍然依靠马奇诺防线,有了坦克这种大杀器却不知道怎么应用。相反,德军名将曼斯坦因提出将坦克集中使用,形成装甲突击力量,不进行阵地战,而是形成突破口,从马奇诺防线背后直驱英吉利海峡,将马奇诺防线的百万英法军队包围,然而这种战法受到了德军高层的质疑,好在德国元首亲临西线,对曼斯坦因的计划大为欣赏,亲自拍板决策,德军一举歼灭了英国和法国军队的一百多个师,用了五周时间就灭亡了法国。"

宁萌听得入迷,叶归的这种讲课方式与众不同,又好玩又深入:"明白了,这不仅仅是一次销售流程的梳理,还是对销售体系的变革,高层要亲自决策和指挥,中层是实施的关键,对一线团队赋能,彻底打通决策层、管理层和执行层之间的壁垒,才能大获成功。"

叶归自从知道了她是学妹,就知道她领悟能力惊人但仍觉得吃惊:"奇怪了,是刚大学毕业吗?用的都是企业套话。"

"二战时德国发明闪电战,是因为有了坦克这种划时代的进攻武器,你的漏斗大法有这种东西吗?"宁萌还在沉思叶归所说的历史往事,"哎呀,不早了,今天好好休息,明天吃饭时再聊。"

6. 大法核心:以客户为中心

第二天傍晚,宁萌带着叶归来到了一家地道的白族烤肉馆,石板嗞嗞作响，宁萌细心地用当地调料和菜叶裹好肉，递给叶归，满口鲜香。叶归在登山前独自旅行，过得比较平淡，自从下山和宁萌结伴而行之后，平添了很多乐趣，好的旅伴实在太重要了，同样的旅途有了完全不同的感受。

宁萌吃了几口就催促叶归："继续说，胃口都被你吊起来了，你的漏斗大法有革命性的内涵吗？"

叶归擦擦嘴巴说道："传统的销售方法以产品为中心，强调产品特点、优势和益处，见客户前想的是我要卖什么，这不是以客户为中心，或者说，见客户前应该扪心自问，我们能够帮助客户解决什么难题。销售流程基于客户的采购流程，从以产品为中心转变到以客户为中心就是巨大的变化，这也是漏斗大法的核心。"叶归从背包中取出记事本，写下了下面的表格。

以产品为中心	以客户为中心
Features：产品特点	Situation：客户现状
Advantages：产品优势	Pain：客户痛点
Benefits：产品益处	Impact：痛点对客户的影响
	Return On Investment：投资回报率
	Index：客户购买标准
	Take Off：竞争分析和策略
	Solution of Risk：降低购买风险

宁萌看着叶归的字迹，字迹见人品，叶归的字不错，就是

太过方正，就像碑石刻文。提笔在表格旁边加了"批准"两字，字迹活泼跳跃，别有生趣，叶归看得呆了："你写字是拜了师的吧。"

"和妈妈学的。"宁萌的兴趣还在方法论上，继续问道，"销售流程和客户的采购流程是什么关系？"宁萌吃得很少，放下筷子为叶归服务。

"采购比销售的周期更长更复杂，比如买房买车可能需要一年时间，卖车卖房只用半天就可以完成。销售卖完基本上就不用管了，购买了房子和车子的客户却要用很久，采购的风险和重要性也比销售更大。我们把采购周期分为发现需求、立项、设计购买标准、评估比较（货比三家）、购买承诺和实施使用六个阶段，不同阶段都有关键点。"宁萌点头，柠檬设计的客户采购周期更长，过程复杂。叶归在记事本画出购买流程，在两边加了两个箭头："销售团队在前期建立信任关系，在后期回收账款，构成了以客户为中心的销售方法，分为建立信任、激发需求、促成立项、引导指标、屏蔽对手、缓解顾虑、管理期望和回收账款八步。"叶归回到最熟悉的领域，"竞争也是销售的本质，传统销售方法没有关于竞争的方法论和技能，这里也补足了。"

"嗯，竞争理论和方法必不可少。"宁萌很赞同，这是常识，市面的书籍很少有这方面的内容。"两种销售方法的区别到底有多大？"她不随波逐流，详细询问。

"表面看来，各种销售方法只是名字不同，连阶段名称也差不多，其实代表了三个时代，二十世纪五六十年代，企业普遍采用以产品为中心的销售方法,八十年代出现了'顾问式销售'的概念,渐渐转向以客户为中心,现在流行的是价值销售,仍然缺乏竞争的方法论和技巧,于是我便创造了一套新的方法论。"叶归吃着宁萌亲手用蔬菜包裹的烤肉,味道果然比自己做的好了很多,"想当年金戈铁马,气吞万里如虎,全凭这套战法。"

宁萌很想知道叶归的过去:"详细说说。"

叶归豪气干云:"我的对手都是不可一世的巨头,三年时间灰飞烟灭!"宁萌有些困惑,他出来攀登旅行,是因为创业失败了吗?叶归指着图形说道:"销售漏斗不是空壳,关键在于其中的理论模型、工具模板和销售能力,可惜很多公司只用了销售漏斗的壳子,缺乏内涵。"

7.2 C 适合吗?

宁萌雾里看花,隐约看到一些,不能完全想透,让公司起死回生的当务之急是提升业绩,竞争对手不会手软,公司颓势,士气低落,骨干流失,极难浴火重生。如果拿不到新订单,就要收缩战线,砍掉分公司,保住现金流苟活,对心怀梦想的父亲来说等于认输,可是千头万绪从何开始:"漏斗大法适合我们吗?"

"销售模式可以从两个维度划分。"叶归在笔记本上画出了一个维度,"横轴左侧是家庭和个人市场,这个市场的客户比较感性,容易受广告影响,采购金额不大,产品小到日用百货等快速消费品,大到汽车和房产。他们喜欢在商场和超市购物。

电商发展迅速侵蚀的传统线下市场,也属于个人和家庭市场,这就是消费品市场,或者叫 2C 市场。"

柠檬设计属于右侧的商业模式,宁萌对照着说:"右侧是机构客户,包括企业和政府,采购理性,金额很大,要经过严密的评估流程,金额至少几十万,多则上千万甚至上亿元,他们不会去超市和商场采购,销售人员需要上门拜访。"

"这是 2B 市场。"叶归指向横轴右侧说,"下方是简单和低附加值的产品,上方是高价值的解决方案,因此销售模式分成四种:第一种向个人和家庭销售低附加值产品,采购通常发生在购物中心和网上,这是零售模式,属于交易型销售,周期很短,短则几分钟,长则一两个小时,不需要管理销售过程,重要的是话术。"叶归先讲述与柠檬设计关系不大的零售模式。

"销售漏斗不适用于零售模式吗?"宁萌兴致勃勃地问,虽然这种模式与柠檬设计没有关系。

"我曾与一些快消品企业聊过,他们拓展 KA(Key Accounts,关键客户)时也用到销售漏斗管理,比如,vivo 和 OPPO 就用类似销售漏斗的方法拓展手机卖场,获取最大的销售效果,这类似项目型销售。还有一些企业正在转型,比如方太在门店销售抽油烟机,现在转型销售厨房解决方案,包括烹饪前、烹饪中和烹饪后的解决方案。"

"烹饪前、烹饪中和烹饪后？"宁萌的兴趣不局限在自己的企业。

"洗菜、灶具、橱柜和洗碗机这些，厨电涉及燃气、电路和供水，需要完整规划，是典型的销售解决方案，从交房到施工，服务周期很长，还要和整体设计风格搭配，需要多次和客户沟通，这就可以用到销售漏斗。"叶归有全局视野，零售行业在使用销售漏斗方面几乎空白，是蓝海，效果会出人预料，"智慧家居将成为未来趋势，灯光、厨电、家电、窗帘和安防产品要通过智能语音整合起来控制，这也是复杂的解决方案。"

叶归为宁萌打开了一扇扇的商业大门，让她流连忘返："专卖是第二种销售模式，汽车和房产的周期很长，金额不小，销售漏斗应该适合。"

话题不局限在某个领域，信马由缰的感觉很好。叶归继续说道："专卖既有汽车和房产这样的高价值产品，也有商场里的品牌服装和饰品，不能一概而论。对于第三种"代理模式"，联想电脑建立了类似销售漏斗的商机管理，代理商报备商机。总之，销售过程越复杂，越适合销售漏斗，它就是管理过程的工具。销售周期越短越注重话术，要从优秀的销售人员的话术中，结合以客户为中心的方法论，进行提炼和萃取。"

宁萌的思路回到自家公司，柠檬设计属于典型的第四种"销售解决方案"，肯定适用。叶归不想冒险："推行销售漏斗风险很大，应该深思熟虑。"

"什么风险？"宁萌很担心，柠檬设计危机重重，就像年老体衰的病人，她不想动大手术。

8. 何处着手

"联想公司启动 ERP 的时候，柳总说过，'上 ERP 是找死，不上是等死'，销售漏斗难度更高，销售人员是最难管的那群人，销售流程还涉及客户和竞争对手，不确定性很大。"叶归并非危言耸听，宁萌的热情被熄灭一半，恨不得钻进他肚子里摸得清清楚楚。

"这要根据柠檬设计的实际情况，判断从哪里入手。"叶归端起茶杯看着宁萌，"柠檬设计经不起折腾，应该和风细雨，不应狂风暴雨。"他又说道："大处着眼，小处着手，治大国如烹小鲜。"每个企业的情形不一样，有的企业需要动大手术，有的只要吃一副感冒药。叶归是商业奇才，在市场营销上无师自通，全面掌握了销售体系，但他不想一股脑把这些东西都塞给宁萌，销售团队就像战场上的士兵，学会射击就行，不需要了解枪炮的工作原理和制造工艺，更不用学习指挥战役的战略战术。叶归久经沙场，不想大张旗鼓地宣传和动员，喜欢举重若轻，推行"润物细无声"的变革，慢调细理。

"销售漏斗怎么才能落地？"宁萌想大刀阔斧推动变革，听了叶归所说，冷静了下来。

"推行制度易，人的转变难。"叶归有丰富经验，这是艰难又关键的环节,"销售技能源自销售方法论,要不断进化,说来话长。"叶归创建公司时亲自拓展业务,不是永远都盘踞在金字塔顶端。"二十世纪五十年代是推销时代,见到客户就介绍公司和产品,有时还攻击对手,企业后来渐渐认识到这种方法的弊端,开始加强倾听和提问技巧,全面清晰地了解客户需求,有针对性地介绍产品。到了二十世纪八十年代,一位美国专家提出了 SPIN 方法,被称为'顾问式销售',强调帮助客户发现问题并提供解决方案,带来全新理念,从那时起,我们名片上再不是印着推销员或者业务员,而是改成了销售顾问,不仅销售产品还要提供完整解决方案。"叶归用极短的语言来描述销售能力变革,"怎么衡量解决方案的价值?价值销售方法论应运而生,使用价值建议书说明投资回报率或者投入产出比,将价值量化,帮助客户判断采购是否划算。"宁萌脑袋被塞满了,只能囫囵吞枣强行记住,叶归又说:"这些销售方法和能力没有解决竞争的问题,客户要货比三家,竞争对手是真实存在的,不可能无视。我一边实战一边琢磨,发展出一套帮助客户建立购买标准和屏蔽对手的话术,把销售能力补全。"

宁萌吃惊,他竟然改进了流行数十年的销售方法:"这些能力包含在销售流程中吗?"

"销售能力包含倾听提问技巧、顾问式销售、面对竞争和拜访决策者四种销售能力,如果话术不改,销售流程仍然是虚的。"叶归讲完销售能力,暂时收住,"中层管理者的辅导和激励更为重要,兵熊熊一个,将熊熊一窝。"

宁萌犯难了，叶归的漏斗大法好像能够帮助柠檬设计浴火重生，但是包含了大量的内容，让她不知道如何下手。叶归看来懂得很多，可是他回到北京之后，还能像现在这样时时指点自己吗？她心里没底儿："回北京之后，可以到我们公司看看吗？"

叶归归心似箭，公司有一堆的事情等他处理，但看着宁萌的眼神，心里却怦怦跳动："帮人帮到底。"

"你不工作吗？"宁萌不想强人所难，他怎么可能陪在自己身边，抑或是他喜欢我？

"你决定放弃出国，让柠檬设计浴火重生了吗？"叶归也在判断宁萌的决心，变革绝不容易。

"嗯，我不想让爸爸的心血就这么毁掉。"宁萌经过这次旅程，尤其是遇到叶归之后下定了决心。

"好的，那我就有始有终。"叶归下定决心，把假期延长一些又怎么样，地球离了谁都会继续转动，忽然想起一个关键："你回公司，从什么职位做起？"

柠檬设计的销售团队平均年龄在三十多岁，那些资历深的，宁萌都要喊声叔叔："我回去应该要从底层做起吧。"

"不在其位不谋其政，这样不行！"叶归摇摇头，柠檬设计危机重重，没有时间让宁萌成长，"你回去之后一定要负责整个销售团队，这是关键。"

宁萌感到了巨大压力，先不说自己能不能胜任，家里人会同意吗？事到如今，只能硬着头皮向上了，她拿出了记事本双手恭恭敬敬递给叶归："师父大人在上，这是徒弟的笔记，请您过目。"

宁萌学习笔记

过程和结果

结果是既成事实，唯有过程才可以管理，销售流程是从锁定目标客户、发现销售线索到完成合同和收款的过程。柠檬设计只知结果，没有把过程管理起来，销售团队得不到有效的辅导，没有团队协作，订单往往自生自灭，漏斗大法可以打通这个过程，建立一套规范的销售管理系统，吃着碗里的订单，看着盆里的销售线索，惦记着锅里的目标客户。

销售漏斗的工具

销售漏斗包括一系列表格，一线销售团队要录入销售周报，产生管理团队使用的销售漏斗指标表。销售漏斗还包括每个阶段的销售工具，包括客户关系发展表、痛点影响表、价值建议书、购买标准表、竞争分析表和缓解风险表，企业应该制作标准模板，形成统一的打法，供销售团队使用。

形成共同销售战术语言

销售团队需要共同语言来定义销售策略和方法，这标志着企业的作战能力和水平。销售语言用于每周的例会，团队内部讨论和沟通，主管与下属讨论销售策略。如果没有共同的销售语言，就会单打独斗，一盘散沙。共同销售语言是形成企业销售方法论的必备条件。

完成销售目标的抓手

驱动销售漏斗的关键阶段和步骤，可以推进销售发展。销售漏斗是管理的抓手，可以促使销售团队做出准确的预测，准时交货，避免库存，优化供应链管理，提升运营效率。

以客户为中心的销售方法论的精华

销售能力能够改进销售行为，提高业绩。销售漏斗的每个关键节点都有相应的理论模型、工具和销售技能。销售团队按照流程一步一步打下来，就能提升销售能力。赋能是实施销售漏斗的关键。

销售漏斗的适用性

销售模式大体分成四种：零售模式针对个人和家庭销售简单产品；专卖模式用于销售大宗消费品；解决方案销售模式针对政府和企业客户销售复杂的产品和方案；代理模式针对机构销售简单产品。销售漏斗管理是解决方案销售模式的核心管理方法，在其他三种模式中，需要进行调整。销售流程和能力需要根据实际产品、销售周期、渠道特点重新进行设计和规划。

第二章
销售报表管理

1. 代父出征

　　从阳光灿烂的云南返回雾霾重重的北京，在高楼压顶的道路间穿梭，宁萌的心情差了很多。"见家长？"叶归本想将宁萌送回家就走。宁萌却没有和他告别："别乱说，我打算今天和爷爷提，你来公司上班，帮我参谋一下。"宁萌心头小鹿乱撞，不管怎么说，都是见家长。

　　"嗯，给我看看公司的组织架构。"叶归没有多想，宁萌从手机找出公司组织结构图发给叶归。公司最顶端的是宁萌的爷爷董事长宁正道，宁萌的二叔宁长晟担任总经理，小姑宁长馨是副董事长，在公司没有实职。王勤旺是宁长馨老公，主管设计、施工和服务，连人力资源和财务都在他手里。宁麒麟是宁长晟的儿子，宁萌的堂哥，主管北方大区业务，华东和华南大区由宁长晟直接管理。由此可见，柠檬设计虽然由宁萌的父亲宁长隆亲手创建，但他离世时，宁萌还在大学，现在是二叔宁长晟一家把持营销,小姑宁长馨一家把持生产和经营,尤其财务和人力资源还握在姑父王勤旺手中,话语权雄厚。

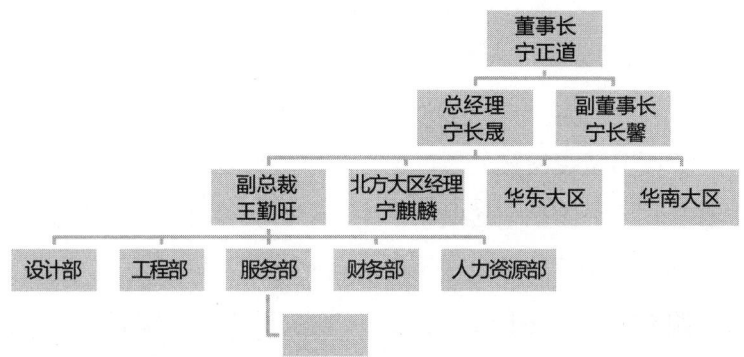

叶归收好组织结构图,帮宁萌提了行李箱,向电梯走去,宁萌按响门铃。开门的是宁萌的堂哥宁麒麟,叶归不得不承认,宁家有良好的基因,宁麒麟是一个精神小伙儿。宁正道很慈祥,脸色却不太好,宁长晟一脸威严,目光都向叶归射来,宁萌解释道:"爷爷、二叔、姑父,这是叶归,登山队友。"

这种莫名其妙的关系,为什么要带来家里?三个见多识广的老男人哪能轻信,当面也不好说什么。叶归说了几句话就到厨房帮忙,让宁萌陪着聊天说话。直到饭菜上桌,叶归才坐下来,宁正道举起酒杯:"今天大团圆,宁萌就要出国,也不知道什么时候才回来,来,一起举杯,也欢迎叶归上门。"

宁萌喝了白酒,辣得吐舌头,忽然说道:"爷爷,我不出国了,我要去公司上班。"

"真的吗?太好了,美国那么乱,还是国内好。"宁正道的开心溢于言表，宁长晟却眼角肌肉一跳，王勤旺没有表情，神态很认真。宁正道真心舍不得孙女远赴海外，向宁长晟和王勤旺问道："宁萌回来，她从哪个职务开始？"

"宁萌刚毕业，从底层做起吧。"二叔立即说道，这让叶归有了不好的印象。

宁萌的父亲创建公司，宁长晟和宁长馨两家都是沾光的，现在公司全部掌握在这两家手中，宁萌从底层做起说不过去。宁正道看向宁萌的姑父王勤旺，让他说话。"女孩子不适合在外面跑来跑去，我提三个建议，宁萌自己选。"王勤旺很上心，"宁萌学艺术，形象和气质都很好，可以在市场部，这是公司门面。"宁萌未置可否，姑父继续说道："还可以从财务做起，这是核心部门，如果宁萌喜欢经营公司，这职位最有利于发展。第三个职位是设计师，和专业最搭，我们是装修设计公司，这是核心业务，也很不错。"王勤旺考虑得比较周全，但仍然沿着从底层做起的思路。

"公司燃眉之急是什么？"宁萌对三个职位都不满意，如果不能占据有利的位置，很难推动公司变革。

"销售。"姑父如实回答，传统行业的设计和施工都很成熟，就拼销售，柠檬设计却屡屡受挫。

宁萌看了一眼叶归，下了决心："我想试试。"

"试什么？"宁长晟和王勤旺一起问道。

"管销售。"宁萌强调了职位，宁长晟和王勤旺脑子里"嗡"的一下，宁萌才走出校园，哪里懂得销售，更别说管理销售。

"销售部有五十多个老油条，比你大不少，我都管不了，你哪里行？"宁长晟首先反对。

"你刚毕业，应该从底层历练，急着做管理是拔苗助长啊。"王勤旺难得和宁长晟意见一致。

"说说打算。"宁正道看不出表情。

"我们有很多问题，但是先要恢复造血功能，我想加强销售管理，形成共同的作战语言和打法，为团队赋能，提升作战能力。"宁萌把从叶归那里学到的东西都倒了出来。

谁也没想到宁萌会说出这番话来，宁长晟抢先反对："这是纸上谈兵。"

"二叔您说得对，推行制度易，提升能力和改变行为习惯难。"宁萌说了叶归的原话，"大处着眼，小处着手，治大国如烹小鲜。"叶归崩溃了，这是自己闲聊的话，哪能在这种场合说。

宁家一家上下都惊呆了，这句话出自宁正道口中还算正常，宁长晟问道："想担任什么职务？"

"主管销售的副总裁！"宁萌和叶归目光一碰，她下决心推动公司变革。

宁正道心情有些激动，问道："为什么？"

宁萌为爷爷端来一杯茶水："我四五岁的时候，爸爸加班，我就坐在办公桌上玩玩具，后来我下课后在办公室的沙发做作业，听他与销售团队开会。我上了大学周末帮着他整理销售报表，这里有我的童年记忆，回到那间办公室就像回到爸爸身边。"爷爷泪水沾襟，叶归也不禁动容，宁萌决然说道："我是爸爸唯一的孩子,我要让公司重现辉煌。"

"代父出征,好!"宁正道立即答应,叶归这才理解了宁萌,遇到自己并不是她返回家族公司的决定性因素,割舍不断的父女深情发挥了关键作用。

宁正道明显支持宁萌:"长隆创业时也是年轻人,上阵父子兵,英雄出少年,爷爷支持你!但是这个担子不轻,太累太拼,要不然你爸爸也不会……哎!"他重重叹息一声,对早逝的儿子充满愧疚,目光忽然转向叶归:"小伙子,你有什么要说的吗?"

"我全力支持宁萌。"叶归和宁萌的目光交流没有瞒过这位老人,不自觉为自己加了担子。

宁正道看向宁长晟:"长晟,你的意见?"

"爸,您都同意了,我还有什么说的,这副担子很沉啊,咱们一家人好商量,如果不行再调整。"宁长晟抱着不妨一试的态度,显然有所保留。

"爸,这家公司本来就是大哥创建的,我坚决支持宁萌工作。"王勤旺表态很坚决。

"就这么定了!"宁正道放下茶杯,"你们踏踏实实帮她,给她撑腰,这还有什么不放心的?"

2. 精简销售报表

周末,叶归陪宁萌去买了职业套装,周一陪着宁萌来到柠檬设计,公司拥有一栋七八层的办公大楼,这在寸土寸金的北京，算是一笔巨大的财富。宁萌又回到了父亲的办公室，她从幼时就在这里看着爸爸加班、忙碌，办公桌、沙发和文件夹充满了温暖又伤心的回忆，自从父亲病逝，她第一次回到这个伤心之地。十点整，宁长晟打来电话，通知宁萌下午一点宣布她的任命，北方区的所有销售都来参加。

宁萌拭去泪水，想起叶归讲述的销售方法，千头万绪，不知道该如何开始，总不能把叶归讲过的话照葫芦画瓢说一遍。于是，向叶归问道："马上要开会了，宣布任命，我该怎么做？"

新官上任三把火，宁萌总要做些什么，叶归打开一份报表投影出来："不要谈概念，正常打招呼，精简原先的销售报表。"

客户名称	项目名称	产品	金额	预计合同时间	销售阶段

宁萌觉得这份报表有些眼熟，报表设计了下拉菜单，可以选择，不用录入，销售阶段是叶归在云南讲过的，包含见到客户、发现机会、确认机会、明确需求、方案报价、客户承诺、验收、收款八个阶段，"这是不是有些简单？"柠檬设计以前的报表非

常全面，包括客户信息、商机信息和销售日报三大表格。客户信息包括客户业务，组织结构，关键联系人的电话、家乡、经历、兴趣等。可想而知，销售团队一定叫苦不堪，怨声载道，公司抓得紧，大家便填，放松一些就没人交，反复折腾，很难推行。

"当着爷爷的面说，'大处着眼，小处着手，治大国如烹小鲜？'"叶归调侃了宁萌一句，随后说道："销售团队应该泡在客户那边，不要成天坐在电脑前，变成'表哥表妹'。"叶归讨厌各种报表，他的销售报表设计极简。

宁萌曾在柠檬设计实习，深知销售人员的抱怨："那些表格确实有些形式主义。"

"如果主管不会看销售报表，不懂得辅导和帮助下属，填报表便是浪费时间。"叶归站在一线销售人员角度考虑，"量化的销售报表才可以分析，不可分析的信息尽量不要录入，输入极简，结果最大化。"线索数量、金额和阶段等可以量化，客户性格和爱好都是模糊的，难以追踪和检查。

"姑父很抠细节的。"宁萌有些担心，把现有的表格废除，他肯定不高兴。

叶归问道："以前录入一次销售报表，时间要用多久？"

"至少一两个小时。"宁萌上任前做了调研。

"他们会烦的，每周填写报表应该控制在十五分钟内，一线销售会支持的。"叶归回答，"你新官上任，大家总要给些面子。"

宁萌这才发现，理论是回事儿，实际应用是另外一回事儿，这个表格极为简单，很难联想到梳理流程那么复杂的内涵。两人在办公室吃了盒饭，宁萌打印新的销售报表，头发盘起来，整理套装，自己这个刚毕业的菜鸟就要粉墨登场了。她踩着高跟鞋来到会议室中，北方区的二十几名销售都到齐了，宁正道、宁长晟和王勤旺西装革履，隆重地为宁萌开局。

宁正道宣布宁萌将担任销售副总裁，会议室里静得吓人，宁萌小时候常来公司，大家都认识，他们眼中的小女孩儿要担任这么关键的职务？宁长晟勉强地笑笑，宁萌没有工作经历，只好把她从小学到大学的成绩列举一遍，众人皱起眉头，她的履历实在难以服众，宁长晟最后要求大家支持宁萌工作。叶归却有些惊讶，这个带着自己到处吃喝玩乐的女孩儿，竟然是这么厉害的学霸！

轮到宁萌讲话，她接受了教训，再也不说"治大国如烹小鲜"那样的话，表达了回归公司的开心之后，就把销售报表散发出去："从今天起，我负责销售工作，希望大家填好报表，下班前发给我。"

"就一页？"销售们难以置信，王勤旺看着轻飘飘的报表，脸色很不好，但是宁正道亲自给孙女撑腰，轮不到他反对。"就一页。"宁萌肯定。

大多数销售都希望柠檬设计重振雄风，对宁萌有期待，看到这页轻飘飘的表格不禁灰心，看来宁萌确实不懂销售，王勤旺率先反对："太简单了，客户信息、项目信息都没有，咱们讲究知己知彼，百战不殆，收集情报是基本功，靠这页纸怎么打仗？"

"简单不好吗？"宁萌预料到了争议。

王勤旺忧心忡忡："要不要再考虑一下，这表格确实不能用。"会议室中反对声音强烈，宁萌哪里遇到过这种情形，觉得自己应该在推行新报表之前广泛征求意见，而不应该只听叶归的建议。她举起报表仔细看着，的确很眼熟，这是怎么回事儿？宁正道一声不吭看着宁萌，看来还没有拿定主意，要不要支持孙女。

宁长晟叹气一声，倒向王勤旺："宁萌，严加管理，放羊可不行。"

王勤旺帮着宁长晟设计了销售报表："我当初费尽心思，客户资料表、项目跟进表和销售日报哪个不需要？你全都取消了，连最基本的情况都不知道，两眼一抹黑，怎么管理？"宁萌不知道该怎么回答，王勤旺安慰道："没关系，这周就这样，下周再恢复回来。"

宁萌以往在公司帮爸爸，听到销售团队抱怨填报表，现在报表简化了，他们也反对？如果下周恢复以往报表，以后还怎么推动变革。宁长晟宣布了任命，不想在销售团队面前争论："散会吧，报表先不要用。"

"等等。"宁萌叫住众人，看向一位叫洪月霞的销售："洪大姐，您的第一位客户叫'王一波'，第二位叫'李宪'，还有'杨阳'和'朱一隆'。"

漂亮！叶归感慨，宁萌不为新表格辩护，直击老报表软肋——报表太多太复杂，没人仔细审查。宁长晟脸上一阵白一阵绿:"小洪,你仗着业绩好就胡来!"

宁萌不想和销售过不去:"不是洪大姐的错,是表格不合理,太浪费时间。"

"不要求,他们更不会做。"姑父忽然明白,宁萌这么有底气,肯定是叶归在背后出主意。

"只有我们检查了,他们才会真的做。"叶归淡淡回答,这是人性。

宁正道听到这里,偏向支持宁萌简化报表的决定,王勤旺和宁长晟仍然反对,宁萌又从文件夹中拿出一份表格放在桌面:"这是我爸当初使用的表格,你们仔细看看。"宁萌大一时常来爸爸办公室整理文件,她终于想起来叶归的表格为什么这么熟悉,两份表格几乎一模一样,这是天意吗?王勤旺对照看了:"这就是长隆当年使用的表格啊,稍微调整了。"

这是宁萌上任第一天,谁也不能质疑她副总裁的权威,宁正道想起逝去的长子,心里激动:"就这么定了,有意见可以保留,我支持宁萌。"

宁萌上任的第一次会议大获全胜,她抓住了老报表的缺陷,再动之以情,众人不能不服。宁萌送爷爷回家,王勤旺却跟在叶归后面,轻声提醒:"那天在家里,我的话听进去了吗?"

叶归第一次上门的时候,曾和王勤旺在厨房削土豆聊天,所以立即答道:"恋爱时从女友,结婚后从老婆,和谐相处,还要有夫德、夫言、夫容和夫功,安分守己从一而终是夫德,说话尊敬体贴关心人是夫言,夫容是穿着得体大方,不能婚前婚后两个样儿,现在男女平等,男人也要做家务。"叶归觉得这几句话有道理,记得格外清楚。

"别油嘴滑舌,一进公司就改规矩,算什么'三从四德'?"姑父大怒,"我费了好大力气推行这套报表,让他们养成习惯,你就撺掇宁萌改了,谁给你的权利?"

"多就是少。"叶归向来不喜欢解释,淡淡说道。

"这是人话吗?什么叫多就是少?"姑父真的要被叶归这句话气疯了。

"现在的燃眉之急是什么?是商机不够。"叶归试图以理服人,认真说道,"报表太复杂,大家抓大放小,中小订单都不填,多就是少是这个意思。"叶归破例解释这么多,宁萌这季度要做 1.5 个亿的生意,商机总额只有 9000 万,当务之急是让销售团队把商机都报出来,销售报表太细,大家就少填些。

"狡辩!"宁萌姑父哪里听得进去,气得鼻子冒烟。

"您这套报表效果怎么样?业绩上去了吗?"叶归反问道。

公司业绩下滑,王勤旺说话没有底气:"下班前就能收到报表,我倒要看看商机有没有增加!"

3. 赢率

叶归和王勤旺聊完,宁萌送宁正道回来后,靠在桌边问道:"叶归,你怎么知道我爸用的报表?"这实在太神奇了,叶归第一天来公司，不可能查到三年前的报表格式。

"嗯，我也许和你爸爸认识，他安排我们登山偶遇，让我把报表交给你？"叶归哈哈笑着，故意顺着宁萌的思路去说，宁萌脸色一动，双臂放在胸前，叶归只好答道："我在西安学到的数学和物理公式，为什么和你在北京学到的一模一样。"叶归用手机在网上找到了几张介绍销售漏斗的表格给宁萌看："销售漏斗报表是通用的，只能说我和你爸爸英雄所见略同。"

这是合理的解释，宁萌把手机还给叶归："这么简单一张报表能解决问题吗？"

销售漏斗中包含了二十几张报表，叶归并没有一下子都拿出来，而是用这个表格探路和摸底："别急，该用的时候再用，先解决商机不够的问题，锅里没粮，心里发慌啊！"

"他们下午填好报表，商机真的能增加吗？"宁萌似乎明白一些，不再坚持。

"别抱太大希望，这只是梳理销售流程的一个试探。"叶归起身去倒咖啡，留下宁萌发呆。

宁萌下班前得到了简化的报表，商机增加了几百万，这算什么？的确商机增长了一些，但很难说是简化报表的结果，这些商机根本吃不饱，宁萌忧心忡忡。王勤旺来看了数字，摇头叹气，这个季度恐怕又做不到了："叶归，你说使用简化的报表可以增加商机，差得太远了。"

王勤旺并不分管营销，宁长晟当了甩手掌柜，这也许就是家族企业特色，叶归笑笑："姑父别急，数字不只这么多，这周末应该还能加一些。"

叶归是宁萌的潜在男友，地位还不如自己这个赘婿，他没进门就控制了宁萌，改了规矩，嘴上偏偏还要说"三从四德"，简直太不要脸，王勤旺说道："今天开会时劝你加强管理，你说要等等销售报表，现在报表出来了，你又说要等到这个周末，你到底靠不靠谱？"

"姑父，您再等一周。"宁萌不知道怎么看这份极简的报表，要先和叶归聊聊。王勤旺却不离开，看着叶归等他开口。

"我想想办法，下周搞出一些来？"叶归用商量的语气说道。

"多少？"姑父对叶归越来越不满，懒得多说。

"五千万？"叶归估出一个数字。

"年轻人，商机是风吹雨淋跑出来的，不是在办公室拍脑袋拍出来的，好自为之。"姑父板起脸来向宁萌说道："柠檬设计是你爸爸亲手打出来的，靠的都是自家人，外人的话你可以听，但要和家里人商量一下再执行，不能脑子一热，受人指使。"王勤旺明摆明说给叶归听，把报表朝他面前一摔，推门而出。

"对不起，姑父就是这个性子。"宁萌替王勤旺道歉，提醒叶归："姑父下周肯定要追这五千万，我们不在一线，不可能变出五千万商机的。"

"宁萌，找一个安静些的地方，带上一摞纸和一支笔。"叶归穿好大衣，又为宁萌取来羽绒服。

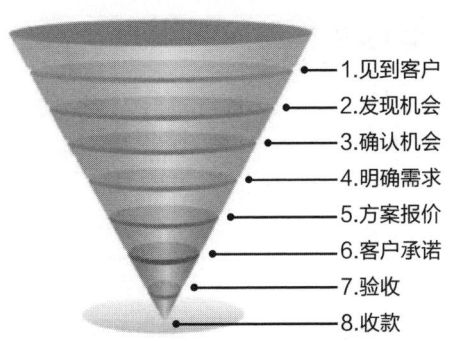

1. 见到客户
2. 发现机会
3. 确认机会
4. 明确需求
5. 方案报价
6. 客户承诺
7. 验收
8. 收款

宁萌和叶归来到什刹海附近的一家酒吧，在叶归印象里，酒吧音乐刺耳，并不是聊天的好去处。宁萌选的地方避开了喧闹的游客，是临湖角落里孤零零的酒吧，她点了两杯鸡尾酒，把白纸和笔递给叶归说："叶老师，开始上课吧。"

叶归喝了一口鸡尾酒，这是从来没有尝试过的味道，举杯全部灌入口中："小柠檬，为什么叫销售漏斗？"他一片柠檬放在口中抵消酒意。他叫自己小柠檬，还把柠檬吃了？宁萌有些不满，叶归在白纸上画了一张图："销售线索从上向下流动，有些订单赢了，有些订单输了，上大下小像漏斗一样，于是有了销售漏斗这个名字。"叶归画了几条横线："销售阶段非常模糊，比如建立信任和激发需求，贯穿整个销售过程，在管理时常将销售阶段的界限定义出来，便于判断，这就是我在新报表中增加的几个阶段。"

"每个企业的产品和客户都不一样，产品越简单，采购周期越短，销售阶段就越少，柠檬设计的销售过程相对复杂，要稍微细一些。"叶归又画出了一个一个表格，把销售漏斗阶段、销售流程和赢率对应出来。

阶段	销售流程	标志	赢率
1	建立信任	见到客户	10%
2	发掘需求	发现机会	20%
3	促成立项	确认机会	30%
4	引导指标	明确需求	40%
5	屏蔽对手	方案报价	50%
6	赢取承诺	客户承诺	60%
7	管理期望	验收	80%
8	回收账款	收款	100%

宁萌看着表格后面的赢率:"赢率怎么定出来的?"

"约定俗成,销售漏斗运行一段时间后,对积累的数据进行推算,再调整这个数字。"叶归解释道,这很容易理解,销售阶段越向后就越靠谱,赢率不断提高,"把销售报表汇总起来,和对应的赢率相乘,就能算出销售预计,和销售目标对比,就能大概计算出我们的任务完成率。"

4. 指标

不同的阶段有不同的赢率,与销售线索的金额相乘,记入阶段预计,累加起来就是销售线索可能产生的销售收入。宁萌打开电脑,找到一份华东区的报表,去掉项目名称和产品那些与指标无关的信息,放入公式,这个报表中已经完成 280 万,加上预计的 145.8 万,共计 425.8 万,本季度的目标是 500 万,销售预计便是 85%。

客户名称	金额（万元）	阶段	赢率	阶段预计（万元）
A	80	2	20%	16
B	55	1	10%	5.5
C	32	3	30%	9.6
D	66	6	60%	39.6
E	28	7	80%	22.4
F	15	2	20%	3
G	88	4	40%	35.2
H	45	1	10%	4.5
I	20	5	50%	10
总计	429			145.8

宁萌将全部报表导入一份文件，相乘汇总，一个数字出现了——4855 万元。这预示自己只能完成三分之一的销售目标。宁萌纤细的指尖在键盘跳跃，叶归看得眼花缭乱，他不得不承认，宁萌这个女孩儿使用表格的能力远在自己之上。叶归解释道："也有很多人喜欢看商机总额，虽然不太准，但也差不了太多，还有企业喜欢用 V 值的概念，用商机总额除以待完成的销售目标。"

商机总额、V 值和销售预计三个概念接近，这些宁萌早已看了出来，叶归所说的没有什么新奇，也根本不解决问题。叶归指着数字说道："漏斗是容器，这三个指标都是容量类指标。"他指着纸面上销售漏斗图形的上方："目标客户产生销售线索，客户数量、联系人数量也属于容量类指标。"

"嗯,现在商机总额预计不到5千万,距离1.5亿的目标差了太多。"宁萌已经懂了容量类指标的概念,立即想道:"既然是漏斗,除了容量性指标,还应该有流动性指标吧。"

"哈哈,一点就通!"叶归对她的表现十分惊讶,在漏斗模型上画了四个箭头,"线索还应该流动。"

"下流销售线索的数量、金额以及百分比就是下流指标。"顾名思义,流失类的指标包括丢失线索的数量和金额,她指着向外的箭头说:"这些是流失的销售线索,应该找到症结,想办法改进。"宁萌随后说道:"应该还有一个方向吧,向上流动?"

"先收款,再签合同,下周谈判,然后招投标?"叶归反问,销售流程禁止销售线索向上流动,否则就会有人捣糨糊,上上下下,取得不错的下流率。

宁萌听说过一些例外:"几年前爸爸有一个项目,客户招投标,领导被举报,只好推倒重来。"

"如果这样,旧的了结,重新开始。"叶归脱口而出。

宁萌学到了新的概念:"线索必须下流,下流才是正常的,下流才是健康的,下流才是我要的。"

"小柠檬说什么!"叶归再次用这个昵称称呼青涩的宁萌,她脸上嫣红,连连摆手表示不是那个乱七八糟的意思,叶归适时开口:"除了下流和流失,销售机会还可能停滞。"

下流的销售线索是健康的,流失的是既成事实,唯独停滞的线索需要特别关注,应该制定行动计划,宁萌明白了:"还有一个流动性指标是什么?"

叶归又画出一个从上到下的箭头："新增。尤其在销售线索不够的时候。"叶归列出了一个汇总的指标表格："这些指标都要每周统计，随时看这个表格，这是每天工作的重点。"

容量类指标	机会数量	漏斗中机会的数量
	总额	漏斗中销售机会金额的总和
	销售预计	漏斗中销售机会乘以相应阶段赢率的总和
	目标客户数量	漏斗中目标客户的数量
流动类指标	进展率	下流的销售机会的金额除以销售机会的总和
	流失率	流失的销售机会的金额除以销售机会的总和
	停滞率	停滞的销售机会的金额除以销售机会的总和
	新增率	新增加的销售机会的金额除以销售机会的总和

这些指标就像体检一样，一旦发现异常就要寻找原因商量解决方案，管好容量类和流动类指标，就可以把销售过程管理起来。

"重点应该是新增销售线索，对不对？"

"目标是1.5亿，大概要找到4.5亿元销售线索，现在有9000多万，还差3.6亿。"叶归计算出一个数字，"一个季度13周，每周要新增2770万元的销售线索，你们有55位销售人员，每人每周要在漏斗中新增50万左右的商机。"新增目标被细分到每人和每周之后，似乎难度降低了一些。

宁萌仔细看着销售报表，恍然大悟："我懂了，销售报表应该将前后两周对照着看，才能看出流动性指标。"她立即在微信群里找上周的指标，由于新旧报表格式不统一，她花了好多时间才将流动性指标计算出来。"我看出问题来了，新增的线索很少，莫名其妙消失了很多，还有一大堆处于停滞状态。"这些商机要与每位销售一一核实和确认，还需要更多的时间，如果每人都要花半个小时沟通，五十多位销售员就要用掉三个工作日。

叶归喝了几杯鸡尾酒，看着低头计算的宁萌，她忙碌的样子就像一个学生。酒吧很有特色，室内温暖如春，室外是安静的什刹海，她倒是很会选地方，自己在北京十几年从来都是泡在办公室，没想到还有这么好的地方。他等待宁萌算出结果说道："这些报表有问题。"宁萌的心提了起来，叶归看出了她的担心："有人在玩些小把戏，这是好消息，商机远不止报表中的9000万。"

宁萌想起叶归答应姑父的5000万商机："这就是你答应姑父找到5000万商机的原因？"

叶归点头，把数据变成图形，将屏幕倒转给宁萌看："是漏斗形状吗？"

"两头尖，中间大，枣核形状。"宁萌脱口而出，漏斗应该是上大下小，为什么会变形？

"报表中早期的商机很少，大都处于招投标前后。"叶归说明原因。宁萌百思不得其解，按理说每个商机都由上个阶段转换而来，不该是枣核形状。叶归淡淡说道："商机就像怀孕，时间长了藏不住。"

销售线索被藏起来了？宁萌惊喜交加："他们没有把销售机会完整上报？"

叶归看出她神情的变化："这很正常，很多企业的销售漏斗都是枣核形状，瞒报合情合理。"

"不报商机还有理由吗？"宁萌不这么想，填写销售报表天经地义，她还大大简化了报表。

"媳妇儿有了怀孕的迹象，会第一时间告诉公公婆婆吗？"叶归总喜欢举例。

宁萌没这方面的经验，却可以想明白："万一没怀上有谎报军情之嫌。"

销售漏斗的第三个阶段是确认机会，客户确定采购时间和预算，此前商机是模糊和不确定的，不敢报出来可以理解，宁萌稍微释怀。"老板喜欢鞭打快牛，谁的销售机会多就多分些任务，销售团队怕了。"叶归又说出一条理由，"商场如战场，商机线索是核心机密，慎重和保密是他们的潜意识。"

理由合情合理，宁萌的不满烟消云散，藏起来总比没有好："怎么把商机挤出来？"

"这很复杂。"叶归不愿意大张旗鼓推行变革，要在不知不觉中润物细无声。此时已经深夜，叶归极喜欢宁萌点的鸡尾酒，桌面上摆了七八只空杯子，身体处于微醺的状态："明天到公司，我们再详细说。别抱太大希望，5000万大概能挤出来，加上原先的9000万，仍然做不到目标。"

宁萌结账，从后面追上叶归，在湖边散步："你工作也很忙吧，还要帮我。"

"我不会虎头蛇尾的。"叶归善始善终，既然开始梳理销售流程，他就不能放手。

"你不工作？"宁萌小心地打探他的情况，叶归都见过家长了，而自己还没见过他的朋友。

"我有积蓄，不急工作，先帮你。"叶归不多说，显得很神秘。

举着滑板的年轻人在月影下飞驰，宁萌心烦意乱，我们是什么关系？队友？师徒？她想问又怕得到不好的答案。叶归猜到了宁萌的心思，说道："我不知道方向，好像迷路了。"他凭借领先的技术组建销售军团，纵横商场，但自从那位老员工在面前直挺挺摔倒，彻底摧毁了他的信心，我变成了榨取剩余价值的资本家了吗？他向宁萌吐露了心中的想法："现在很多公司都推行996，你怎么看？"

宁萌早有答案，回头望向酒吧："你好像很喜欢喝那个鸡尾酒啊，喝了八杯。"叶归点头，宁萌问道："那么你在喝酒的时候是工作还是放松？"

和聪明有趣的宁萌在一起，叶归心情充满愉悦，工作的效率似乎也大大提高："二者兼有。"

"只要心之所至，哪怕在家里做饭做菜也可以思索工作，为什么偏偏要让员工泡在公司。如果公司有紧急的项目，自然另当别论。"宁萌的立场很明确，反对996。

叶归旅行一个月，公司仍然运转正常，为什么不再进行极限测试，叶归说："你需要帮手，我去你公司帮你。"

宁萌却多想了一层："你的朋友们也应该介绍给我认识一下。"感情的萌芽在她心中悄然生长。

宁萌学习笔记

销售漏斗的核心是以客户为中心的销售流程

传统销售流程以产品为中心,应该渐渐转向以客户为中心,强调与竞争对手的博弈,这就是价值竞争销售方法论。很多企业的销售漏斗是空壳子,不包含销售方法论的工具表格和能力体系。

销售漏斗的阶段

销售阶段非常模糊,见到客户是第一个分界线,完成发展内线工作,绘制出组织关系地图,发现客户兴趣点,规划从认识、互动、私交到同盟的行动计划。第二个分界线是发现机会,找出客户痛点和影响,与发起者沟通,激发需求。第三个分界线是确认机会,拜访决策者,促成客户立项,确定采购时间和预算。第四个分界线是明确需求,帮助客户确定采购标准。第五个分界线是方案报价。第六个分界线是客户承诺,打消客户顾虑,缓解采购风险,完成成交。第七个分界线是验收,管理客户期望值。最后是回收账款。一般来讲,采购越复杂,阶段划分越细,企业的每个阶段就都要调整,应该针对实际情况划分销售阶段。

销售漏斗指标

销售漏斗包括容量类指标和流动类指标两大类。足够的商机才能产生足够的订单,漏斗中目标客户数量、销售线索的数量、金额等都是容量类指标。不同阶段的赢率不同,将销售机会的金额与对应的赢率相乘,累加起来就是销售预计,这是最重要的容量类指标。流动类指标包括下流、停滞、流失和流入四类,其中新增和停滞的销售线索需要特别关注。

销售漏斗报表

传统的销售漏斗报表过于复杂，包含了不可量化的信息，难以对销售过程进行有效管理。应该通过简洁的下拉菜单的设计，统一录入格式，减少录入时间，确保每人每周填写报表的时间不超过十五分钟。

枣核形状的销售漏斗

销售团队往往瞒报销售机会，导致销售漏斗变成枣核形状，瞒报的原因包括：销售线索不成熟，报上去有谎报军情之嫌；老板鞭打快牛，谁的销售机会多就会被多分任务；销售线索是核心的机密，担心报出后泄密。销售主管应该与团队充分沟通，将枣核形状变成漏斗形状。

第三章
销售流程管理

1. 叶归入职：销售运营

宁萌来到办公室，想尽快挖出被藏起来的5000万商机，但人的转变比制度的建立要难很多。挖掘商机要和每个人一对一沟通，思想要先转弯，叶归暂时阻止了宁萌："先成立销售运营部门，把每个人的数字算清楚。"

"销售运营？"柠檬设计没有这样的职位，宁萌对叶归所说深有体会，即便自己表格用得不错，但要为全国50多位销售员算出容量类指标和流动类指标，工作量巨大，自己是营销副总裁，不能天天在办公室算数。

"不需要很高级别，在市场部下面挂个职位，统计销售数据，列席销售例会，我可以暂时帮你。"叶归重视销售数据，要亲自抓在手里。

"那么低的职级，薪水太少了。"宁萌有些不懂叶归。

"看着给就行，我把岗位职责发你。"叶归把岗位职责发了出去：

> **岗位职责：销售运营**
>
> - 负责销售团队日常业务数据统计、业务分析和季度考核及结算
> - 负责销售团队与公司之间的业务往来沟通，做好业务衔接和跟进
> - 负责客户信息和划分，协调销售团队因此产生的内部冲突
> - 配合销售完成合同管理，完善销售流程
> - 参与销售例会，完成会议记录和计划的跟进
>
> **能力要求：销售运营**
>
> - 熟练掌握办公软件，如 Word、Excel、PowerPoint 等
> - 具备良好的沟通能力，工作认真、细致、负责
> - 具备良好的数据分析能力，对数据敏感
> - 具有销售支持或业务支持相关经验者优先
> - 具有良好的服务意识与团队精神及抗压能力

宁萌拿着岗位职责和王勤旺交涉，碰了一个大大的钉子，王勤旺满脑子都是叶归答应的 5000 万的新增商机，却没有考虑叶归的工作安排。宁萌争了许久，王勤旺做出让步，叶归担任临时助理，每月 3000 元薪水。宁萌无颜面对叶归，回到办公室，把薪酬表递给叶归："没办法请你来了。"

叶归看了薪酬表，笑意溢出来："3000 元，挺好啊。"宁萌惭愧死了，叶归毫不介意："今天是我第一天上班吧，老板你要请客吃饭。"

队友、师徒、上下级？到底和他是什么关系？宁萌觉得把一切都搞乱了。

叶归毫不介意这个薪水："推行销售漏斗需要专门的部门，

销售运营助理这个岗位正好。"叶归改换了称呼:"老板,我们先把管理流程建立起来,这是核心。"叶归已经在白板上画出一张图形,"兵熊熊一个,将熊熊一窝。"

宁萌前几天用一张简化的销售报表开始了变革,根据这个报表计算出了各种漏斗指标,如今叶归又拿出一套全新的体系,看来梳理流程真的很复杂,叶归从大处着眼,从小处入手,悄无声息地推动着变革,除了自己恐怕没人知道背后复杂的理论和逻辑。

2. 目标细分

"柠檬设计的订单周期长,小订单三五个月,大订单一两年,不能只看结果,还要看过程。"叶归将电脑连接到大屏幕上,销售流程中包含很多表格,一下子拿出来恐怕宁萌消化不了,叶归遇到问题拿出对应的报表。

姓名	指标	目标值	完成率	累计	W1	W2	W3	……	W13
	销售收入								
	销售预计								
	新增商机								
	停滞商机								

续表

姓名	指标	目标值	完成率	累计	W1	W2	W3	……	W13
	销售收入								
	销售预计								
	新增商机								
	停滞商机								
	销售收入								
	销售预计								
	新增商机								
	停滞商机								

表格中不仅有业绩指标还有漏斗指标，宁萌问道："只有预计、新增和停滞三个漏斗指标？"

"目标太多就像五马拉车，各走各路，容量类指标中最重要的是销售预计，最重要的流动类指标是新增和停滞。"五十多份报表要导入再计算，非常烦琐。

宁萌坐在叶归对面："为什么细分到每一周？"

"市场无难事，只怕肯细分。"叶归实在受不了这些烦琐的表格，抓起手机拨了个电话："Linda，来一趟，看我的手机定位。"把电脑推到一边，走到在白板前写了几个数字，面向宁萌："当我们回首往事的时候，不因为虚度年华而悔恨，也不会因为碌碌无为而羞耻，每天应该进步一点点儿。"宁萌觉得有些好笑，叶归总是喜欢东扯西扯，把奥斯特洛夫斯基的《钢铁是怎样炼成的》带入了销售管理,叶归说道:"如果每天进步百分之一,一年下来1.01的365次方,是37.783倍,如果每天懈怠一点点儿,退步1%,0.99的365次方是0.026。"叶归指着37.783和0.026说道:"我们每周检查、辅导和激励,哪怕进步1%,一年52周,1.01的52次方是1.678,虽然没有那么夸张,也足够完成任务了。"

"传统管理只顾结果,梳理销售流程就可以把过程管理起来。"叶归解释了销售漏斗和目标细分的关联,把销售流程落实到可检查的工具上。

"这是抓手吗?"宁萌想起了叶归说过的话,销售团队可能没有签单,却一定有新增和下流的线索。

宁萌姑父推门进来,看见叶归靠在老板椅上,把他拉起来说:"宁总是副总裁,你是销售运营助理,差了好几级,不能坏了规矩。"然后通知宁萌:"下午两点开北方区销售例会,你来参加吗?"

"姑父,有上个季度的报表吗?"叶归需要对照以往的销售业绩检查。

"叫王总,没有规矩不成方圆。"王勤旺认真叮嘱,他事无巨细将销售管得一潭死水,和他的性格以及家庭地位不无关系。

"姑父总,麻烦您把上个季度的报表带来。"叶归就是不称呼王总,王勤旺气得直跺脚,将他拉进旁边的会议室,拿出副总裁的口吻:"年轻人没房没钱没关系,不能油嘴滑舌,应该脚踏实地,不能仗着和宁总认识就乱来,你在实习期,每月三千块不少了,够吃饭了吧?好好工作几年就能买车,再干十几年就能买房,对不对?"他觉得叶归和宁萌关系不一般,相貌也不错,很像自己当初认识宁萌姑姑的情形,贴心地劝说。

"十几年可买不起,两百年太久,只争朝夕!"叶归说声告辞回到宁萌办公室:"该来的总是要来,流程没有建立起来,你就要去开销售例会了。"叶归仍旧坐了宁萌的座位,看看手表:"Linda 怎还不到?"

"Linda 是谁?"宁萌早想认识叶归的朋友,却不知道这个 Linda 是什么人。

"我是你的助理,她是我助理。"叶归又看了看时间:"距离销售例会还有两个多小时,我要让 Linda 给你讲讲颜色管理。"

3. 颜色管理

办公室轰动起来,员工们趴在窗户向外看,喊道:"来看,香车美女。"一辆明黄色跑车停在办公楼下,保安知道是大人物,不敢阻拦,美女长腿落地,婷婷袅袅走进办公楼。谁这么强的气场?叶归嘟囔一句,"让她低调,就是不听。"

"Linda 是谁?"宁萌走回办公室问道。

"是我啊,很高兴认识你。"Linda 快步进了办公室,与宁萌握手,向叶归问道:"叶大哥,这是哪出?"

"你搞哪出?"叶归盯着屏幕头也不抬。

"这已经是我车库里最便宜的车了,我今天穿裙子,不想骑共享单车来。"Linda 坐下向宁萌说道,"黑猫白猫,抓到老鼠就是好猫。"这是邓公改革开放时的名言,"叶大哥把报表发给我了,汇总到颜色管理,您看看。"Linda 似乎知道宁萌,一份五颜六色的表格出现在屏幕,宁萌拉上百叶窗,隔断趴在窗口的销售们,"叶大哥喜欢用颜色把每个人的状况显示出来,谁好谁不好一目了然,超额完成的用绿色框起来,销售预计介于 80% 和 100% 的是黄人,销售预计在 50% 和 80% 之间是红人,50% 都达不到的属于黑人,红绿灯原理,红灯停绿灯行。"

"等等,你来做什么?"宁萌有些莫名其妙。

"他是你助理,我是他秘书。"Linda 指着叶归,他正在看书喝茶。

"叶归,你要是觉得每月三千块太少,可以说出来,不用这样。"宁萌恼怒,叶归不经自己同意就找来这么张扬浮夸的秘书,十有八九为自己解套。

"三千元还把我搭进去?"Linda 捂嘴笑了,立即板起脸来:"抱歉,我继续汇报?"

这个从天而降的大美女让宁萌不爽:"叶归,你嫌少,我去找人力。"

"萌总误会了。"Linda 替叶归回答,"他不嫌少,三千还是三万对他都差不多。"

"什么意思?"宁萌和嚣张的 Linda 较上劲儿了。

"Linda！"叶归抬头，"不愿帮忙，您就请回吧。"Linda去弄表格，再不反驳。叶归立即说道："萌总，你下午开销售例会，对绿黄红黑四种人要采取不同的管理方法。"

宁萌的情绪被搅得乱七八糟，难以集中，对叶归说道："Linda不能不明不白来公司。"

"抱歉，我冒失了。"叶归道歉以安抚宁萌情绪，"数据太多，我不太在行，需要帮忙。"

他已经道歉，再纠缠就显得自己无礼，毕竟Linda是来帮忙，于是问道："颜色管理和销售流程是什么关系？"她的逻辑性极强。

"以往判断业绩只看结果，现在还要看商机和目标客户。"叶归认真地回答，"有人虽然暂时业绩不错，但手里没有足够线索仍然危险；有人虽然业绩暂时不好，但有足够线索也有希望。最能反映业绩的指标是销售预计，颜色管理综合了过程和结果，比较科学一些。"

Linda收敛了嚣张的语气，却仍然挑战宁萌的权威："萌总，对这四种人有什么对策？"

"帮助红人和黑人补齐短板，对绿人奖励。"宁萌拿Linda没办法，她是来帮忙的，还是叶归的朋友，自己总要客气一些，这是"一物降一物"。

Linda已经进入工作状态，指点宁萌："对绿人更重要的是分享，现身说法对团队很有帮助。注重榜样作用，不仅有正面激励效果，还可以带来意想不到的收获。我以前做销售的时候，为了取得良好的第一印象,拍了一些很美的照片,发到社交媒体上,客户的态度好很多。叶大哥觉得这办法不错,在公司推广,请来摄影师,不论男女,拍出大片作为头像,果然很有效果。公司应该鼓励绿人讲出经验,如果不愿意分享,藏着掖着,互相提防,这不是好的企业文化。"

叶归担心宁萌没有明白,又举了个例子:"千里马常有,伯乐不常有!刘备善于驾驭人才,忠义有关羽,勇猛善战有张飞,老当益壮是黄忠,赵云一身是胆,足智多谋必然是诸葛亮,他们不是天上掉下来,而是发掘和激励出来的。有些企业缺乏人才,其实有了人才也不知道,不善于识别和发挥人才的作用,我们要树立榜样,善于做关系的、懂技术的、服务好的、懂竞争对手的,要在绿人中发现并培养,让他们成为标杆,人尽其才,各展所长才是好的团队。"

宁萌略为踟蹰,柠檬设计有这么优秀的人才吗?Linda看了出来说:"矮子里面拔将军,我以前啥也不懂,硬被叶大哥夸了出来,我心里高兴,就更加努力,越做越好。"

"Linda的表格'只应天上有',外号海淀大表姐。"叶归连夸带哄,气得Linda翻白眼,"我都VP(副总裁)了,你还不放过我,让来做表格。"

她是VP?Linda资历远胜自己,当自己助理的秘书?宁萌问道:"哪家公司的VP?"

Linda眼神儿复杂地看向叶归,叶归吐出公司的名字,宁萌吓了一跳,这是鼎鼎大名的互联网霸主,比自己这家小公司的副总裁含金量高多了,叶归把话题带回来:"驾驭人才的火候不容易掌握。"

优秀的主管能让大家团结一心,不合格的团队总是矛盾重重,钩心斗角,柠檬设计也有这样的情形,宁长晟和王勤旺两派势力搅在一起,用颜色管理统一起来,能减少内耗。"对待几种颜色的员工有什么区别?"宁萌要将两派人马摆平,在叶归情绪安抚和Linda打岔之后,注意力回到了工作。

"对待'黄人'像黄灯,警告之后快速通过,鼓励他们完成任务。"叶归回答,超额完成任务的是少数,特别差的也是少数,"黄人"比例最多,十分紧要。

"怎么警告?"宁萌很难把握分寸。

"在销售例会上询问,商机不够怎么办?哪里能找到?客户的痛点是什么?谁是发起者?"这种提问既是警告也是提醒,叶归知道难度,"我曾经问一个'黄人',销售线索不够怎么办?他承诺多见客户,猜猜下周结果怎么样?"

"应该有进步吧?"宁萌猜测着。

叶归回忆当时的情形说道:"下周我问他见了几个客户?他说四个,我有点儿生气,每天上下午各见一个,至少十个吧。他回答,我上周见了三个,您让我多见,我多见了一个。"

"强词夺理。"宁萌见过这样的人,不是能力问题,而是态度问题。

叶归没有深究对方的错误,而是反思自己:"我把要求说清楚了吗?"

"多见客户这句话确实有些模糊。"宁萌同意。

"我重新询问,这周打算见几个?他说五个,我说每周至少十个,我学乖了,让他别急着走,把十个客户的名单列出来给我看。他列了清单回来,我仍不放心,客户出差怎么办?让他约好再走。他苦着脸去打电话,果然一半客户都没约到,只好再找新客户,约满十个为止。"叶归从此得到启发——计划必须清晰、明确和具体,这就是所谓的SMART准则,"我陪你去参加销售例会,把行动计划都记录下来,不能让会议变成不落地的神仙会议。"

"'黄人'和'红人'的区别是什么?"宁萌点头,又进一步追问。

"对'黄人'询问就可以了,'红人'要落实到书面。"叶归说出了区别,对"黄人"的辅导往往在口头上,对"红人"有点儿像写检讨,"只要时间允许,我会和'红人'一对一单独谈,很多话不好当众来讲。"当众被质问的滋味不好受,批评的话不适合公开讲,需要私下场合沟通,只是主管都有各自的风格和分寸,规定不宜过于死板。

宁萌渐渐明白,销售报表可以发现问题,在销售例会上商讨和制定行动计划才能解决问题:"明白了,'绿人'分享,'黄、红、黑人'必须拿出满意的计划。"

"提出改进计划时的主角是他们,不是我们,不要指手画脚,越俎代庖。万一他们没做好,是执行的问题还是计划不好?做计划的必须是执行者,而不是管理者。"Linda暴露职位后语气变了，提醒宁萌，"今天叶大哥陪你开会，以后我陪你。"她比宁萌大几岁，找到了大姐姐的定位。

"'黑人'应该怎么办？"宁萌为 Linda 倒一杯茶，暂时和好。

"你觉得呢？"叶归不答反问。

"他们是短板，差距最大，帮助他们改进就能大大提升业绩。"宁萌想当然地回答。

叶归启发宁萌："对于绿黄红黑四种人，怎么在销售例会分配时间？"

"唔，绿人百分之十，黄人百分之二十，红人百分之三十，黑人百分之四十。"宁萌说出了四个百分比，按照短板理论，业绩越差就越要花更多的时间辅导，见 Linda 摇头，宁萌又说："'黄人'和'红人'是大头，'绿人'和'黑人'是少数，占据那么多时间，好像不太合理。"

"再想想。"Linda 表现出了耐心。

宁萌仍然坚持："爷爷有三个孩子，爸爸学习最好，二叔学习最差，爷爷优先辅导谁？"她一副小女孩神态举例反驳："我读书的时候语文好，数学差，老师辅导哪一门？"

Linda 被噎住，这个学生不好教，也举例说道："医院急诊来了两个病人，一个救不活了，另一个及时抢救还能救过来，夜间就一位值班医生，应该先救谁？"

宁萌纠结起来，不肯服输："叶大哥，我和你前任一起掉水里，你先救谁？"

"疯话。"叶归立即想起自己从雪山滑落，宁萌义无反顾拉住自己，一起向悬崖滑落，更加坚定了帮助宁萌的想法，他见宁萌和Linda暗中较劲儿，心里无奈，说道："以前我招了一个兄弟进公司，业绩不好，我陪他见客户，分析问题，花费大量时间，最终他还是离开了。人很难改变，只会做样子给你看，一个人的天赋、品行、性格、心态基本固定，父母都很难改变，公司怎么能让他们脱胎换骨？别想改变一个人，只能帮助他们认清自己，创造一个健康的利于成长的环境。把大多数时间都用在'绿人'和'黄人'身上，在'黑人'身上不花太多时间，只是简单问他，有什么需要我帮忙吗？"

"晾着也够难受的。"宁萌明白了叶归的做法。

"心里有数就好，不把颜色公布出来，但压力要让所有人知道，甚至在大门口公之于众。"叶归倾向于公布，连面对现实的勇气都没有，怎么在商场上竞争？知耻而后勇，这是销售人员必备心态，"到了季度末，我和'黑人'私聊，问他能完成任务吗？需要什么帮助？如果不完成怎么办？让他们看到严重性就足够了。人若救人，必先自救。"叶归一口气说完，仿佛回到过去，凌厉的气息压来，几乎让人窒息。

人难以改变，只能成长，这是他渐渐明白的道理。

宁萌像学生一样，用记事本记录："把销售漏斗指标细分到每周，采用颜色管理，对'绿人'进行奖励，鼓励分享经验，树立榜样；对'黄人'提问然后放行；对'红人'要探讨出具体和详细的改进计划，在条件允许的情况下一对一私下沟通；

对'黑人',让他们认识到严重性,不花太多的时间。"

"当务之急是商机不够,你开会的时候,盯紧新增商机这个指标,根据绿黄红黑四种人,采取不同的办法,把销售漏斗填满。"叶归牢牢抓住关键,流程很简单,复杂的是人心,宁萌即将直面销售团队,这将是一个艰巨的考验。

宁萌在办公室熟悉表格和颜色管理,Linda 示意叶归出门,来到楼下问道:"你放着自己公司不管,来这家小公司做销售运营,还让我来当小秘书,总要告诉我为什么吧?追宁萌不需要把我拉进来。"Linda 憋了一肚子气和一堆问题。

"吃醋了?"叶归笑呵呵。

"打住,我吃啥醋,不要玷污我的清白。"Linda 确实曾对叶归有意,奈何落花有意,流水无情。

"听我慢慢道来。"叶归坐进她的跑车说道,"我攀登雪山大意了,脚下打滑,整个身体向下飞,我想,完蛋了,还没娶老婆生儿子就结束在这儿了。幸好宁萌抓住我,一起向下滚,这是海拔五千米的雪山!她毫不犹豫、奋不顾身。而我们只是陌生人,她要么是疯了,要么非常了不起。"

"两个疯子。"Linda 有些羡慕勇敢的宁萌。

"这家公司是她爸爸的心血,她想拯救公司,却担心不能胜任,我刚好懂这些,就来帮忙了。"叶归原原本本讲出了想法。

"滴水之恩,涌泉相报?你扮猪吃老虎,以为我是傻瓜看不出来?"叶归被噎住,他诚心诚意来帮忙,怎么会变成这样?

Linda 又说道,"你大错特错了。"

叶归愣了一下:"为啥?"

Linda 坐在叶归旁边说:"你条件还不错,挺帅,是不是?"叶归拒绝回答。她又说道:"宁萌的想法肯定和你不一样。"叶归是直男,没想到这一层。Linda 说道:"告诉你结局吧,用不了多久,宁萌喜欢上了你,你把公司救了过来,报了救命之恩,拍屁股走人,害得人家不能自拔,承受失恋之苦。"

叶归摇头苦笑说:"男女之间就没有纯友情吗?"

Linda 苦笑:"我俩不就是吗?"

叶归释然:"为什么要向男女之情去想?"

"滚,上班去。"Linda 拉开车门,"你多伤人,自己心里没数吗?"叶归如梦初醒,宁萌喜欢我吗?那么我喜欢她吗?Linda 提醒叶归:"你的背景很难查吗?现在小姑娘都很聪明,也很现实,人家肯定知道你的身份,有你这大佬撑腰,她才敢放心大胆向前走。"

叶归哭笑不得,自己这个商场老手竟被一个刚出校门的小女生利用?传出去肯定被人笑话。他和宁萌在雪山上偶遇,得知她遇到困难,就来帮忙,他没有"扮猪吃老虎",宁萌也没有傍大佬的想法,"对了,我和她还是校友。"叶归曾在母校设立了奖学金,宁萌如果回学校打听,不难查到自己的身份。

"这小姑娘不简单,你俩棋逢对手,扮猪互啃吧。"Linda 对宁萌心惊,她肯定查到了叶归的身份,仍然不显山不露水,心思十分缜密。

叶归返回办公室，宁萌已经做好了笔记，她心里有些发虚："销售流程太复杂了，我还没有吃透，真的很担心销售例会。"

"一回生二回熟。"叶归坐下说道，"我们把销售例会体系确认下来。"他很重视销售例会，这是指挥和反馈系统，柠檬设计的销售部门分散在北上广三处，受限于差旅的时间和费用，做不到定期会议。安排很随意，没有固定流程，有事启奏，无事退朝，有时扯得很远，有时匆匆忙忙，很多事情都谈不透。"我们要强化销售例会，给予反馈，分析情况，讨论战术和打法，重要项目还要协调资源，亲自披挂上阵，这样他们才能感受到团队协作的力量。"叶归说道，"如果没有高效的销售例会，胡子眉毛一把抓，销售团队得不到帮助，销售流程就贯彻不下去，录入数据反而忽略销售例会，这是本末倒置，毫无价值。"

"例会时间要固定吗？"宁萌问道，出差和招投标是家常便饭，例会常常没法坚持。

"每周都要坚持开，不拘形式，电话接进来也可以，一些销售周期短、容易集中的店面销售，比如房地产和汽车专卖店，有时也会每天开。"叶归过去常常打电话进去，开完会迅速挂掉，现在互联网时代，视频会议系统更加便捷。

"我们也这样。"宁萌要建立一套有效的指挥体系，销售例会必不可少。

"放在周五下午或者周一上午，前线作战永远比内部会议重要，竞争对手不会乖乖让我们开会，不拘形式，视频或电话会议都可以。如果都在忙，可以临时改时间，晚上和周末也能开会。"叶归提出两个时间选项,如果有急事,他允许销售缺席例会。

"每周五下班前提交销售报表,周一上午是销售例会时间。"宁萌决定了时间,毕竟例会说来容易,坚持不易。

叶归担心华东和华南大区:"广州和上海的例会怎么办?"

"华南和华东人数不多,二叔亲自掌管,麒麟只管北方大区。"宁萌担任了营销副总裁,打算出席每个大区的销售例会,却不知道怎么处理宁长盛和宁麒麟的关系。柠檬设计池子不深,事却不少,两股势力交织带来很大变数。"大区例会在周一,总部例会就在周二?"宁萌确认时间。

"好。"叶归认可,销售例会逐级汇总,就像作战指挥部,柠檬设计规模不大,远比不上连级、团级、师级、军级和军团级的指挥体系,"等以后组织结构健全了,就可以只管总部的例会,现在只能亲自参加每层级的销售例会,要有心理准备,例会并不容易。"

"我参加三个大区例会,再跟二叔和麒麟开一次,总共四次。"宁萌答应,一次会议几个小时,周一和周二都要搭进去。

"那二叔和麒麟需要做什么?"

"按照细分目标进行颜色管理,能够看懂销售报表,进行辅导和激励,他们还要亲自上阵,帮助团队拿下大订单。"叶归管理着数千名销售,如果事无巨细,精力和时间都不够,幸好他带出了一支强大的中高层管理者,如臂使指。可是宁麒麟和宁长晟能够担当这么重要的责任吗?

"我们三个人可以吗?"宁萌极为担忧,宁麒麟和宁长晟会不会配合都很难讲。

"五十多位销售人员需要七八位主管才够,我想通过几个月时间选拔出几位,团队带出来,流程才能跑起来。"叶归暂时不敢想那么多,团队太重要了,不能忽略。然而宁麒麟和宁长晟会配合宁萌吗?表格和工具只起到辅助作用,人是关键因素,人心各异,很难改变。

叶归肚子里竟有这么多东西,深不见底,没有枯竭的迹象。宁萌有了一点点信心,一语双关说道:"遇到你,很幸运。"

"变革并非易事,成则浴火重生,败则费尽资源和现金流,轰然倒地。"叶归听出了话中的意味,他仿佛回到创业初期,那时没有像样的办公室,大家围坐在咖啡馆,战术在谈笑间形成,最终强敌灰飞烟灭,回忆起来都热血沸腾。

苟延残喘不是爸爸的风格,摩天大楼快速耸立,时代赋予机遇,爸爸的梦想只有我才能完成!宁萌决心已定:"爸爸白手起家,那时什么都没有,如今条件好了很多,我有什么理由退缩?"

宁萌娇嫩的身体里不乏勇气,让她在临危时刻在雪山之巅救了叶归,叶归难以忘怀说道:"奉陪到底!"

公司是爸爸的心血,累些怕什么,有叶归陪在身边,宁萌勇气倍增。我们结伴旅行,经历危险,可是我们之间到底是什么样的情感?宁萌的感情暗暗滋生,如同春雨,悄无声息地滋润心灵,春暖花开,爱情的威力渐渐展现。叶归一句话就能激

第三章 销售流程管理

起心中惊涛骇浪，让宁萌日思夜想，不熄不灭。

　　宁萌出生在夏天，炎热的天气赋予她果敢和胆略，内心充满了激情、活力和生机，闪烁着理想主义的火花。她高傲、敏感而坦诚，一旦事与愿违，被抑制的傲慢天性将使她沮丧，产生深深的挫败感。处理不好就会带来巨大的打击和创伤。叶归想起 Linda 的话，我帮助她是对的吗？她拯救公司之后，我就会离开，她会不会伤心难过？叶归对感情束手无策，叹息一声说："实战出真知，不能总纸上谈兵，去开会吧。"

　　宁萌很担心堂哥宁麒麟："麒麟比 Linda 还嚣张。"

　　"我还没见过比 Linda 还嚣张的，去会会。"叶归来了兴致。

4. 销售例会

　　会议室里四人一溜排开，宁麒麟穿着刺眼的花西装，头也不抬，从嘴角里哼了一声，他对宁萌极为不服，只是爸爸业绩不行，有爷爷镇着，不得不接受这个安排。于是说道："妹，这是北方大区的会议，你确定要来？"

　　宁萌点了点头。"吕大叔、黄大哥。"她怯生生地打招呼，这种家族企业的员工互相熟识，但她不认识最后一个小辣妹，"你是？"

　　"我是黑莉莉。"她的网红脸有些肿胀。

　　宁萌打开销售报表，就像他们的姓一样，业绩分别是绿黄红黑。她默默念叨——"绿人"树立榜样，"黄人"商量对策，"红人"写检讨,"黑人"晾着她,客气了几句开始展示销售数据。

"吕大叔很厉害,这个季度才到第二周,已经完成280万,手里还有500多万的线索,来些掌声。"

掌声稀稀拉拉,宁萌第一次参加销售例会,说话的方式十分生硬:"吕大叔有什么经验,分享一下?"

老吕是柠檬设计骨干,当初宁长隆创建公司时,他是第一位销售,从小就认识宁萌,清清嗓子说道:"我的经验就是严格落实领导指示,指哪儿打哪儿,绝不掉链子。"

这等于没说,宁萌不肯罢休又问道:"吕大叔可是北方区的销售冠军,这是藏着绝招不告诉我们?"

老吕看一眼宁麒麟说:"领导给力,让我自由发挥,要善于挖掘潜力。"宁麒麟一脸得意,叶归心里偷笑,老吕表面奉承领导,其实暗指宁麒麟不负责任,倒是一个人物。

无论宁萌怎么夸奖,他要么说公司方案好,要么说技术支持到位,要么把功劳推给宁麒麟,谦虚温良,就是不冒泡。宁萌碰了软钉子,只好转向大黄问道:"您这个季度的数字也不错,但还是差一点儿,怎么加强一下?"

大黄大约四十出头,也是柠檬设计的老人,有一肚子话要说:"萌总,我负责西城区,政府不让强行拆迁,老城区不允许建高层建筑,我都急死了,晚上睡不着,头发一把一把地掉。"大黄明明是光头,哪有头发?叶归差点儿笑翻,强行忍着。

他说的好像是实情,宁萌问道:"您有什么办法?"

老黄激动起来:"听说您上任,我就有信心了,今天不和您客套，谁不想为公司出力？也能多挣些。"宁萌点头，他指着销售报表说："给我些客户，再偏再远再穷都不嫌弃，大兴、房山、怀柔都行，要我产奶总要给草吧？让我种庄稼，总要给块田吧？"

抢客户！叶归心里明镜一般，这是销售最喜欢争的，不能轻易答应，否则就会乱套。但宁萌不懂这些，向其他人问道："咱们商量一下，给老黄些客户？"不出叶归所料，众人都不吭声，没人愿意把地盘贡献出来。宁萌充满挫败感，忽然大门打开，一位女销售冲了进来："抱歉，迟到了。"

宁萌第一天销售例会就有人迟到，不能不管，又不想坏了气氛："洪大姐，怎么迟到了？"

洪大姐小心翼翼坐下："实在抱歉，身体不舒服，刚去了医院。"取出病历晃了几下放回包里。

既然人家生病，总不能强求，宁萌举起销售报表掩饰紧张："洪大姐，您业绩一直都很好，最近这个季度怎么了？"洪大姐坐下喝了口水，讲了一堆理由，无非是市场不好，竞争对手太恶毒，都是不能掌控的外界因素。叶归在自己公司树立了"No Excuse"的文化，不讲借口，柠檬设计缺乏基本的销售文化。

颜色管理无从施展，宁萌只好转向最后那位小辣妹："小黑是新来的吧，第一次见。"

"等等，我还没说完。"洪大姐不罢休，翻出了病历，"我快四十了，最大心愿就是赶紧生个孩子，今天去了医院，您猜猜怎么了？"

"怀上了？"宁萌虽然郁闷，还是为洪大姐开心。

"不可能，她连老公都没有！"大黄和洪大姐不对付，净说晦气话。

"大黄，别仗着业绩好点儿就瞎说话，老娘这几个月忙着养胎，要不然把你压得死死的，麒麟总，您说是不是？"洪大姐很泼辣，以前业绩比老吕还好，最近在家养胎，业绩下滑了。

宁萌忽然想起什么："洪大姐，您要养胎，大黄没有客户，要不然？"

"没门儿，他伺候不了我客户，等我生完孩子还要继续做！"洪大姐一口回绝，为没有出生的孩子力争权利，打开记事本念道，"大黄，跟你讲讲道理，我国2016年放开二胎政策，当年出生人口1786万，2017年下降60多万，2018年下降为1523万，2020年新生儿人口仅1003.5万人，人口出生率达到历史新低。民法典规定，婚生子女和非婚生子女一视同仁，你再敢说半句我孩子没爸，我把你搞上法庭！"

"是告上法庭，不是搞上法庭。"宁麒麟不嫌乱，煽风点火。

例会乌烟瘴气，宁萌咬着嘴唇强忍。老吕看不下去了："这些乱七八糟的会后再说。"

宁萌沮丧极了，或许我不应该接这个职位，他们都是老油条，哪里搞得过他们？现在骑虎难下，只好按照叶归所说，准备问几句就晒着小黑："小黑，说说你的情况？"

"什么？"小黑搔首弄姿，一直在看叶归，没听清。

"业绩。"宁萌真的不想多说。

"我有烦心事儿，只要解决了，一定踏踏实实工作，努力赚钱。"小黑态度很真诚，宁萌发不出火来，"我在网上直播认识了个富二代，奔现了。"宁萌内心崩溃，他们一句正经话都没有，小黑挺聪明，话题往业绩上靠："有男朋友了，我打算好好做业绩，可是他太不踏实了，前几天看他手机，总给一个网红打赏，聊得那个腻乎啊，我心烦意乱，哪有心思跑客户？宁总您这么好看，帮我出出主意，怎么绑住男朋友？"

"我先缓缓。"宁萌坚持不下去了。宁麒麟坏笑着在身后喊着："宁萌总，我还没汇报呢。"

销售例会后，宁麒麟向宁长晟打了小报告，说宁萌坏了公司规矩，宁长晟把宁萌叫去说了一顿，语气很和善，也没有追究销售例会，只是要求宁萌本季度完成销售目标。宁萌充满挫败感，叶归安慰道："销售团队是最难搞的，都是老油条。"

"我能做好吗？说实话。"宁萌出师不利，在销售例会没聊到业务就被搞得手忙脚乱。

"这个季度做到1.5个亿确实很难，如果做不到怎么办？"叶归见多不怪，更奇葩的情况也遇到过，反而更关心宁长晟的态度。

"我听出二叔的意思，如果做不到，就请我换个岗位。"宁萌如果换岗，等于承认挽救公司的努力失败。

叶归正在沉思，宁麒麟冲了进来大声说道："妹，你越级管理，以后我怎么管？"越级管理是他的忌讳，宁麒麟很气愤，

"你捅了马蜂窝,你走之后,大黄跟我要客户,洪大姐要请假养胎,小黑哭着闹着没心上班,你可真厉害,一个会议把所有矛盾都挑起来了。"宁麒麟甩锅给宁萌,声音震破天花板:"这样不行,我爸都管不了这些刺头儿,你也不行,以后别掺和北方区的事儿!"说完摔门而去,宁萌气结说不出话。

"病根儿出在宁麒麟身上,他在给你挖坑。"叶归在窗边说道。宁麒麟以富二代自居,两年前买了超跑,爱如心肝,叶归向做报表的 Linda 说道:"那辆红色超跑是宁麒麟的,Linda,他交给你。"

Linda 点头:"报表做完了,我下班啦。"

叶归向宁萌苦笑:"实战和理论不是一回事儿,你被带节奏了,把注意力放在销售漏斗上。"

5. 辅导表格

被带节奏?宁萌把销售报表投影到屏幕上,叶归说道:"在销售例会中,通过报表掌握一线情况,手里有多少订单,每个订单处在什么状况。"屏幕上显示出四个人的销售报表,叶归指着其中一条说道:"老吕的停滞率过高,应该仔细看他的销售线索,寻找根源。"宁萌翻到老吕的报表,叶归说道:"哪些销售线索是停滞的?停在哪个阶段,用这六张表格来分析。"

宁萌初懂销售漏斗,凭借直觉猜测:"这个项目不小,停了一个多月没有流动。"

叶归将销售报表重新整理，打印出来放入文件夹："每周收到的销售报表按人头建立档案，按照时间顺序排列，对照才能看出流动性。"叶归翻到大黄的表格，指着一条说道："这个项目处在确认机会的阶段，是销售漏斗的第三个阶段，前面阶段做得扎实吗？第一个阶段是接触客户，有没有内线？关键采购人有没有找全？关系好不好？第二个阶段是发现机会，有没有找到客户痛点？现在是第三个阶段，有没有拜访决策者？有没有做好投资回报率分析？"宁萌明白自己在例会上走错了方向。叶归拿出一张表格说："辅导的关键点都在这里。"

漏斗阶段	销售阶段	辅导的关键点
见到客户	建立信任	• 谁是内线？谁是发起者、设计者、评估者、决策者？ • 与客户的关系达到什么阶段？（认识、互动、私交、同盟） • 客户的兴趣点是什么？推进客户关系发展的计划是什么？ • 希望得到客户的什么帮助？（透露信息、出谋划策、穿针引线、为我说话）
发现机会	发掘需求	• 客户的现状是什么？ • 客户的经营目标是什么？（财务、流程、员工满意度、学习和发展、服务对象满意度指标） • 阻碍客户达成目标的障碍是什么？症结点（痛点）是什么？ • 痛点的影响又是什么？有多严重？ • 痛点对谁的影响最大，他可能是潜在的发起者吗？关系怎么样？ • 与发起者沟通的效果怎么样？打动他了吗？ • 发起者怎样推动采购的发展？

续表

漏斗阶段	销售阶段	辅导的关键点
确认机会	促成立项	• 谁是决策者？关系达到什么阶段？ • 发起者是否向决策者提出采购申请？ • 我们能够解决哪些痛点，并带来什么明确和量化的价值？ • 有没有拜访决策者的计划？ • 投资回报率怎么样？客户几年能够收回投资？有没有完成价值建议书？ • 决策者对价值建议书的反馈是什么？认可吗？
明确需求	引导指标	• 谁是设计者？关系达到什么阶段？ • 购买标准有哪些？指标的内涵是什么？重要性排序怎么样？ • 我们与竞争对手相比，每个指标的表现怎么样？ • 什么是我们的优胜指标？怎样细化、明确化、强化和量化？ • 什么是我们的沉睡指标？应该怎样唤醒？ • 什么是我们的致命指标？怎样偷换概念？怎样软化和模糊化？怎样缩小差距？ • 引导客户购买标准的行动计划是什么？
方案报价	屏蔽对手	• 谁是采购的评估者？ • 竞争对手的方案是什么？缺陷是什么？将给客户带来什么危害？ • 给竞争对手方案贴上什么标签？ • 用什么恐怖故事，来说明竞争对手缺陷给客户带来的危害？ • 解决客户问题有哪些方案，竞争对手将采取什么方案？ • 我们与客户的价值交集是什么？ • 我们产品和方案的特点、优势和益处是什么？ • 客户内部，谁是我们的同盟者，为我们说话并屏蔽对手？

续表

漏斗阶段	销售阶段	辅导的关键点
客户承诺	赢取承诺	• 采购的风险是什么？ • 采购风险对客户个人、政治、机构的影响是什么？ • 打消客户顾虑的计划是什么？ • 预防措施是什么？ • 补救措施是什么？
验收	管理期望	• 在蜜月期，应该怎么管理客户期望值？ • 在磨合期，可能会出现什么问题？怎么处理？ • 在成功期，怎么取得客户认可，回收账款？怎么进行转介绍销售？ • 在平淡期，怎样激发客户新的需求和兴趣点？
收款	回收账款	• 是否取得客户营业执照，进行客户的信用审查？ • 是否使用己方标准合同？如果必须采用对方的合同，有没有审阅合同？ • 生产、到货、安装和实施是否正常？如果有问题，哪个部门来解决？ • 何时签署验收文件？ • 财务部门有没有按时提交催款函？ • 需要销售团队上门催收吗？

  表格将检查点统统囊括，十分透彻，可用于辅导也可以用于主管亲自上阵。没有销售漏斗管理时，销售团队自行其是，有了这个表格，销售主管便是一线指挥官，对小订单面授技艺，大型订单亲自参与，既是指挥者又可协同作战。宁萌将这份表

格视为宝贝，如果掌握这些方法，一边指挥战斗一边培养队伍，事半功倍。可是销售团队有五十多人，宁萌时间有限，何况被宁麒麟抱怨越级管理，于是向叶归问道："这么多销售线索，我怎么管得过来？"

"抓大放小，你只要亲自盯着最重要的十个项目就可以了。"叶归简洁地说。宁萌应该掌控全局，只有大型订单才会亲自介入。

宁萌仍有疑虑，十分犹豫："这个表格要不要请麒麟和二叔也用起来。"

"每个企业都不一样，表格要重新设计和完善，稍晚要做一个工作坊，当务之急是寻找商机，把漏斗填满，还顾不上这些。"叶归回答。完善表格是不小的工作量，不是仓促间可以完成的。

"下次例会我就用这个表格，不纠缠和业务无关的事情。"宁萌心里仍然没底儿。

"心态比能力和方法更重要，心态不对，业绩就上不去。"叶归通过这次例会已经判断出来，柠檬设计的问题太多，绝不仅仅是梳理流程这么简单。

"麒麟比我早三年毕业，加入公司后从底层做起，我坐直升机一下子就当了副总裁，他不服。"宁萌以前和宁麒麟关系很好，自从上任以后，宁麒麟就再不搭理自己。

"一物降一物。"叶归看着 Linda 之前坐过的座位笑了起来。

一辆明黄色跑车屁股冒烟驶入赛道，停在宁麒麟身边，一身紧身皮衣的 Linda 摘下头盔，甩动长发，让精力充沛的年轻人们欢呼起来。"你来干什么？"宁麒麟认出 Linda。

Linda 用一万响鞭炮和宁麒麟打赌，谁漂移输了，把一万响扔入后座儿点燃，宁麒麟输了一轮，耍赖要拼酒，三局两胜。Linda 推开酒杯，嚣张地举起酒瓶，红酒下肚。宁麒麟第一次见到这么喝红酒，怂了："姐，我认栽。"

"我刚喝完，你就认栽不喝了？兄弟们，可以这么玩吗？"Linda 俨然成了这帮人的头儿。

"认输可以，必须喝完。"小兄弟们一起喊道。

"还当我是兄弟吗？见到美女就出卖我？"宁麒麟郁闷极了。

"酒桌没朋友！"狐朋狗友们按住宁麒麟灌下红酒，宁麒麟肚子圆得像气球，挣扎着爬起来说："Linda 姐，我服了，今天在办公室里对不住了。"

"不喜欢越级管理，串通他们给宁萌设局，对不对？"Linda 抓起一瓶酒坐在宁麒麟身边，示意众人把他脑袋压在自己旁边，"咕咚咕咚"喝完，示意再拿一瓶，撬开宁麒麟嘴巴说："咱俩算不算越级管理？"

"不算，咱们是朋友。"宁麒麟被拿捏得死死的，嘴里拼命喊叫，不让红酒灌进来。

"拿个漏斗！"Linda 向服务员喊道，一个漏斗压入宁麒麟口中，"谁跟你是朋友，你配？"Linda 说完就笑了，"喝完这瓶就算朋友。"又把红酒灌进宁麒麟口中，呛得他满嘴冒红泡儿。Linda 拍着他脸问道："还比不比？"宁麒麟一瓶红酒吐出一半，气血翻腾，知道自己绝不是 Linda 对手，但又舍不得把鞭炮扔进车里点燃。Linda 问道："认输不？"

宁麒麟挣扎起来，胃里东西"哇"地吐出来，趴在沙发上歇了一会儿说："姐，我认输。"

"你知道叶大哥是谁吗？"Linda 拍着宁麒麟的脸蛋，"从今天起拜我为师，我好好教教你。"

"啊？还要拜师？"宁麒麟争辩道。他不想拜师，继续顽抗。小兄弟们再次将他按倒，恭恭敬敬把酒递来，Linda 先喝了一半，向宁麒麟嘴里灌剩下的半瓶，他终于忍不住了大喊："我拜，我拜！"

"男儿膝下有黄金，我不让你跪拜了，给师父鞠三个躬。"Linda 跷着二郎腿，让众人松开宁麒麟。

宁麒麟擦擦脸上的红酒，向 Linda 弓腰："师父在上，我宁麒麟从今天起就是您的徒弟了。"

"学什么？"Linda 点了一支烟，吹出烟气。

"您让我拜师，不知道要教我什么？"宁麒麟又恢复了些嚣张劲儿。几个人又要上来灌酒，宁麒麟怂了，赶紧说："师父，您让我学什么，我就学什么。"

"销售漏斗！"Linda 拿着手中漏斗，忍不住笑了，叶归教宁萌，自己教宁麒麟。

宁麒麟没听明白，见 Linda 手里的漏斗，以为是把戏："您让我卖这个？"

Linda"扑哧"笑了,她确实没说明白:"销售漏斗都不懂,怎么当大区总监!明天来我公司。"

6. 心态比能力重要

宁萌在销售例会上受挫,连着几天都很沮丧,叶归担心她放弃:"想不想对付那几根老油条?"

宁萌轻轻叹气:"麒麟不让我越级管理,我还能做什么?"宁萌收到了宁麒麟的请假信,心里奇怪,自己的这个堂哥向来不听自己的,今天怎么学会请假了?

叶归笑着说:"这次销售例会也有收获,还需要私下一对一沟通,这就是销售辅导。"

"昨天不是讲了辅导表格了吗?"宁萌不懂就问。

"销售流程不是灵丹妙药,报表就像体检报告,只能暴露问题,不能解决问题。"叶归更注重人的改变,他刚进入柠檬设计,还在观察和了解,只是偶尔放出一剂药救急,还没有动手术,"一些企业设计了销售报表,算出那些指标,以为实施了销售漏斗,其实毫无用途。"

宁萌问道:"有了销售漏斗指标,知道哪里做得好,哪里做得不好,不重要吗?"

叶归还是用体检来说明:"体检结果一切正常,皆大欢喜,出现问题怎么办?辅导表格找到问题,问题有很多层次,有行为层面,有能力层面,更可能出在心态层面,都不是在销售例会上能够解决的,提高业绩的关键是激发斗志并提升能力。"

销售能力和斗志?宁萌反复思考这句话,叶归在白板上画了一张图。

"业绩是结果,很容易看到。"叶归指着图形说道,"决定业绩的是行为,隐藏在业绩下面,能看到一部分,但是大多数看不见,比如他们下班后见客户还是去见女朋友?早上睡懒觉还是去见客户?这是心态。销售能力决定见客户的效果,会不会倾听和提问?能不能激发客户需求?销售能力和心态决定了行为,心态决定了见客户的数量,能力决定了见客户的质量。"

在销售例会上,老吕和老黄的能力和心态都有问题,洪大姐和小黑的问题出在心态上,这些埋藏在底层,确实不容易发现和解决。叶归又说:"最里面的是天赋,有人不适合做销售,也有人很有天赋，大多数人资质平常，这是和竞技体育不同的地方。运动员千挑万选出来，都有天赋，销售这个职业的门槛比较大众，门槛不高，淘汰没有天赋的，有天赋的晋升很快，大多数资质一般。"

"帮助他们提升能力和心态吗？否则销售流程就毫无作用。"宁萌渐渐懂了，实施销售漏斗不难，难的是人心。

"你那天在销售例会上被刁难，原因出在哪里？"叶归启发着宁萌。

"我不该纠缠与业绩无关的因素，比如洪大姐怀孕，黑莉莉的富二代男友，这些可以私下聊，但是在销售例会上应该把注意力集中在业务上。"宁萌反思了许久，如果这一关过不了，她的副总裁就名不副实。

"嗯，还有吗？"叶归再问。

"和他们沟通也有问题。"宁萌觉得千头万绪，不知道该从哪儿开始。

"销售主管也有核心能力，比如目标制定和执行、招聘、辅导和激励、财务管理等，最常用的就是辅导和激励，你那次开会不太好，是由于没有掌握这个能力。"叶归耐心地向宁萌讲着，他本来是一个没有耐心的人，在宁萌面前讲授却是一种享受，"我曾学过一段时间高尔夫，找了一位很认真的教练，他详细讲了高尔夫的基本流程：总共十八个洞，有三杆洞、四杆洞和五杆洞，有果岭和发球区，二到四人一组，谁的杆数少谁赢。他又在练习场教我握杆和挥杆，我一边打他一边找短板改进动作。"叶归记忆犹新,双手模拟挥杆,"每次我没打好,他就严厉地指出来,'喂,腿稳住,如果弯曲了,挥杆半径变短,就会铲土!肩膀不要下沉,也会铲土!用腰的力量,转腰!'我打球天赋一般,常常是肩膀、腿、腰、手腕的动作一起乱,教练就用杆压着我的肩膀,搞得我很不爽。"

"这教练很认真,眼睛里不揉沙子。"宁萌承认。

"我课程有十期,我学到第八期就不学了,开始下场,成绩总是上不去。"叶归问道,"他很认真负责,每个动作教得很仔细,他还参加过美国的巡回赛,赢过泰格·伍兹,打球水平没得说,但他是好教练吗?"

宁萌点头:"专业水平高,认真负责,是好教练,就是脾气不太好。"

叶归启发着宁萌:"想想,自己也是这样的教练吗?"

教练的英文单词是coach,和辅导是同一个词。"朋友们听说我练球,来陪我下场,他们水平稳定在90杆以内。我的球一会儿飞草丛,一会儿进水,他们陪我捡球,我很不好意思。他们要和我做生意,不肯说我球技不好,都说我学得挺快,只好打了一半把球杆扔了说'叶大哥,找个教练好好学,今天净跟着你翻草踩水了'。"

宁萌注意到Linda今天也没来,她和宁麒麟同时请假?叶归继续讲他学球的故事:"我跟Linda说,我找了教练,水平巨牛,赢过泰格·伍兹,不过我这人不喜欢学别人的套路,喜欢自己琢磨。"叶归非常注重学习,更喜欢把学到的东西传授给别人,"Linda递了一张名片说,这是我的教练,钱付了,爱去不去,说完就走了,陪我打球不是享受,而是折磨。"

"Linda很可爱。"宁萌有些不明白,"Linda那么好看,性格怎么会这样。"

"Linda刚给我做秘书的时候也是乖乖女,说话细声细气,挺温柔的,现在变得和全能战士一样。"

"哈哈,全能战士。"宁萌觉得很像。

"这不是贬义,女性真的不适合商场吗?我仔细看胡润排行榜,离婚女性占据了很大的比例。"叶归的话题从辅导扯远了,这是和宁萌相处的乐趣,自由自在,话题可以扯到天边,又能迅速拉回来。

"这说明什么?"宁萌羡慕他懂这么多,和他聊天就像来到一个从未见过的丰富的精神世界。

"传统思想束缚了女性,抚育子女和照顾家庭是她们的人设,家庭是她们的退路,不像男人那样拼,导致女性科学家、企业家和政治家比较少,这成为很多人认知的误区,变成了一个怪圈。女性孕育生命,她们比男人更懂得生命的意义,更有耐心和同理心,沟通能力更强,更适合商业,只是传统思维束缚了她们。她们离婚后摆脱男人,反而能够放手一搏"叶归把话题兜了回来,"Linda离婚后专注于事业,变得特别酷。"

"Linda离婚了?"宁萌越想越觉得巧合,"她是不是和麒麟在一起?"

宁麒麟在巨大的总部大楼前被震撼到了，Linda掌管这家巨无霸的销售部门，每年上千亿的销售收入，销售人员都是毕业于211的精英，训练有素，气势非凡，柠檬设计无法望其项背，宁麒麟身上的花西服就像戏服。他坐在偌大的培训教室，一位讲师打开投影机说："按照Linda总安排，授课大约三小时，总共三个题目：价值销售方法论，销售技巧，销售漏斗管理。前两个题目针对一线销售团队，第三个题目适合管理者，这几门课程持续一周，我压缩到半天，把关键的理论和方法传授给你，如果有问题可以随时打断我。"

宁麒麟把花西装脱下，觉得自己正常一些，Linda是我师父，又给我派来一个讲师，她到底要干什么？

意外的话题让宁萌思索了许久，两人天马行空，时不时碰到感情的话题，她总觉得这些话不应该在公司说，应该在花前月下的时候。宁萌回到了高尔夫球的话题："Linda姐介绍的那个教练，去学了吗？"

"Linda那时是我秘书，我的行程都是她安排，如果不去，行程表就全乱了。"叶归向来不固执，不期而遇往往带来意外收获，"那教练问我学球多久，什么水平，我一一回答，他说，你既然学过，我就不教了。"

"这是什么话，收了钱怎么能不教？"宁萌有些不满。

"他让我上练习场打球，他在旁边看。"叶归没有聊销售，敞开话题："以前我练球，过去那位教练就会剖析动作，让我反复练习，这教练什么都不说，靠在旁边喝可乐，我打好了，他就夸我，吹'彩虹屁'，你这七号铁不错哦，你悟性还挺高的。我休息时给Linda打电话，骂她冤大头，我动作错了，教练不管也不纠正。"

"这教练好奇怪。"宁萌不太理解，Linda那么精明的人怎么可能犯这种初级错误。

叶归从第二位教练身上悟出了极为重要的道理："我打了两百个球，教练塞给我一瓶可乐，夸我学得不错，我说他糊弄我，他拿出一个小本子，你打了两百个球，打好的大概一百二十个，另外八十个有问题，大概六十个球腿不稳定，腿、肩膀、胳膊一起用力，动作变形，还有三十次耸肩，转腰也问题很大，握杆姿势也不太适合你。"

"嚯，教练有心了。"宁萌意识到这个教练有水平，若有所悟。

"教练告诉我，泰格·伍兹改一个握杆动作要在练习场打上万个球，我一次课程打四百个，好几个动作都有毛病，不可能一次练好。他让我再打两百个，只练腿，他架设摄像头专拍我的腿部动作。"叶归记忆犹新。

宁萌明白了："这个教练有水平，如果见到短板就补，会打乱学习节奏，这是因材施教。"

"想想你自己？"叶归提醒宁萌。

"老吕不愿意分享，大黄要抢客户，洪大姐要安胎，黑莉莉烦心富二代男友，这还都是表层，背后还有能力和心态的问题,我要在一次销售例会中解决全部问题,就像教练要在一次课上让你掌握全部打高尔夫球的技巧,胡子眉毛一把抓,根本不现实。"

"和聪明人聊天真是畅快,就像夏天吃了冰激凌。"叶归讲了这么长的故事,总算讲明了道理:"辅导要积极观察,见到优点就表扬,看见缺点要仔细琢磨,病根儿在哪儿?哪个优先解决,不能见一个说一个,这样会搞得别人无所适从。现在的问题一抓一大把,如果眉毛胡子一把抓,我们两人就会被赶出公司。人的改变不能着急,只能慢慢观察和琢磨,最好正面反馈和鼓励,Linda 陪你和麒麟慢慢和他们磨。"

宁萌领悟了辅导的精华,推行制度容易,人的心态和能力才是变革的关键,她隐隐听出了叶归撮合 Linda 和宁麒麟的感觉:"麒麟和 Linda 去了哪里?"

餐厅都比我们公司大,宁麒麟在 Linda 助理陪同下吃了工作餐,来到 Linda 办公室,再次被震惊得错乱,自己的办公室还没有她的洗手间大。巨大屏幕上展示着销售数据,像驾驶舱的仪表盘那样一目了然,有些指标很熟悉,似乎就是宁萌和叶归推行的那套体系。Linda 就像一位女皇,车比自己好,酒量秒杀自己,职位比自己高,自己那五六杆枪的团队卑微到尘土里,宁麒麟在她身边就像可怜的小蚯蚓。宁麒麟成了她的迷弟,我的天呢?她只是叶归的助理,他一声令下,Linda 放下工作,乖乖去做妹妹的助理的秘书!

"酒没醒？"Linda 换上职业套装，坐在宁麒麟对面，大长腿搭在茶几上。

"醒了。"宁麒麟紧张得口干舌燥。

"上午学习怎么样？"Linda 真的像师父一样。

"还行。"宁麒麟小心翼翼。

"十道选择题，如果不及格，还记得一万响吗？"Linda 很严肃，比宁麒麟的中学老师还厉害。

Linda 打开屏幕，闪现出一道题目：

第一题：下面描述销售漏斗的哪句话是不正确的？
A. 销售漏斗是管理销售过程的工具。
B. 销售漏斗不仅包括销售报表，还包括先进的销售方法论、销售能力体系和激励体系。
C. 销售目标细分是实施销售漏斗的前提。
D. 在实施销售漏斗的过程中，体系的转变和人的转变同样重要。

宁麒麟脑子飞转，A 和 C 应该是对的，B 呢？销售漏斗管理肯定基于销售方法论，赋能之后才能真正落地，可是销售流程包括激励体系吗？D？讲师好像讲过，人的转变似乎更重要，应该选 B 还是 D 呢？像学生一样举手问道："这是单选还是多选题？"

Linda 用这套题测试宁麒麟的潜质，看来这个年轻人并不傻:"多选。"

宁麒麟就像一个中学生:"B:销售漏斗和激励体系是并存关系,不是从属关系。D:老师讲过,人的转变更加重要,如果要讲出数值,应该是80%,很多企业梳理了销售流程,忽略培训辅导和激励,注定失败!"

"很不错!"Linda夸奖。

宁麒麟开心得就像得到老师夸奖的孩子,Linda将剩下的题目拿出来,宁麒麟一一答对,Linda吃惊不小:"天赋异禀啊!"宁麒麟骄傲又高兴,跳起来挥舞双拳,Linda把一万响取出来扔给他:"留着过节放吧。"

宁麒麟把一万响塞入背包,Linda缩回大长腿,双手撑在茶几上,俯视宁麒麟说:"你这么聪明,应该懂事儿。"宁萌有叶归和Linda撑腰,宁麒麟没办法竞争副总裁的职务,Linda叹息一声:"你爷爷半年前做了体检,查出问题,已经晚期了。"取出一份复印的病历放在宁麒麟手边。

宁麒麟和爷爷感情极深,听完眼圈就红了:"为什么我爸爸没有告诉我?"

"你爸也不知道。"Linda说道,"爷爷那代人非常伟大,坚忍不拔,勇于开拓,胸怀天下,我们这代人能够过上好日子,都是他们拼出来的。你是亲孙子,爷爷不想让你接班吗?你不该是纨绔子弟,成天赛车喝酒。把家族的心血经营好,是对他最大的安慰,明白这道理吗?"宁麒麟想起爷爷慈祥的面容,心里难过,Linda又说:"宁萌在雪山上救过叶大哥,他见到爷爷就看出他身体不好,让我到医院询问,得知爷爷的病情。叶大哥留在宁萌身边,要将柠檬设计发扬光大,重现辉煌。你和宁萌应该同心协力,不要内耗,更不要捣乱,团结一心,爷爷才能放心住院治疗。"宁麒麟点头答应,Linda叮嘱道:"爷爷想找个适当的时机公布病情,连宁萌都不知道,你要保守秘密。"Linda揪着宁麒麟的领口说:"爷爷还在,别哭了!一会儿跟我开销售例会,把这套方法都学走,同心协力,重振辉煌,懂吗!"

宁麒麟的泪水还在眼眶打转:"Linda姐,我全听你的。"

"我找到了医生,会尽快安排爷爷住院,如果你还不成长起来,爷爷就没法放心。"Linda拍拍宁麒麟肩膀,"别做巨婴了,成长为一个男人吧,用肩膀支撑起公司。"

"心态比能力和管理流程更重要,有长期激励和短期激励两种,长期激励包括股权、薪酬规划和培训等,保住优秀人才,为他们成长赋能。短期激励包括奖金、提成和口头鼓励,通常以季度和年度作为激励周期。"叶归讲述着,"激励体系属于人力资源范畴,和销售漏斗体系相辅相成,不可或缺。"

"奖金和提成季度末发放,平常怎么激励?"宁萌想在销售例会中进行激励。

"排行榜!谁都不想落后。"叶归将新增商机做了排行,取得了一定效果,"还要养成习惯,见到优秀行为立即表扬,看到问题则要冷静地记录下来,分析和琢磨。"叶归拿出一本书递给宁萌,"《101种激励方法》,随时看看。"叶归继续说道,"阿里的激励做得很好,管理层在每季度开始前,不仅确定销售目标,还要花很多时间研究激励方案。他们喜欢PK,让每个人都在内部寻找对手,向信封里放一张纸条,写出心愿,公司再加一些钱,季度末打开,获胜一方拿走全部奖金,完成当初的心愿,有人要买部新手机,有人要去云南旅行,都可以满足。"

宁萌偷笑起来说:"马云真聪明,激励都让员工自己掏腰包。"

"还要做些奖杯,每季度发给销售冠军,这是一笔精神财富,最快进步奖,最佳客户关系奖,最佳技术支持奖,慢慢就有一支能打的队伍了。"叶归把自己的招数拿出来,"要让士气旺盛,用其所长,不要总盯着员工的缺点,避免打击士气。知道半夜鸡叫的故事吧,天不亮,鸡不叫就爬起来监工,绝不是好老板。"

"优秀的主管用人所长,不好的主管总盯着员工的缺点。"柠檬设计处境艰难,更要珍惜员工斗志,而不要打击,宁萌明白了这个道理。

7. 慎用CRM

第二天,Linda回到了柠檬设计走进会议室,将一摞报表扔在叶归面前,抹眼泪哭了起来,宁萌大吃一惊,她是一个嚣张的女强人，怎么会这样，赶紧问道："是不是麒麟惹你生气了？"

Linda 顺着宁萌答道："麒麟又去泡夜店了。"

宁萌知道哥哥的这个坏毛病，去夜店必有不良动机，叶归对 Linda 太了解了："装，你就装吧。"

Linda 猛然抬头笑了，她在手上沾水装哭："我好歹也是耶鲁商科毕业，中学还拿过奥数的银牌，微积分考过满分，天天在这里算加减乘除，把好几百个商机金额和赢率相乘，加一起，连除法都没有，找个小学生都能做好，你这不是欺负人吗？"

Linda 每天对着表格算数，确实大材小用，宁萌连忙道歉，叶归苦着脸："我这不是没办法吗？你再去公司找个秘书来？"

"我不想坑人。"Linda 不想找下属来受罪，"现在五十份表格还可以人工计算，以后规模扩张，数据统计实在太烦了。"

"规模扩张？"宁萌不解，以柠檬设计的现状，不裁员已经很难得。

"进攻是最好的防守。"叶归胸有成竹。

"要不要上 CRM？"Linda 建议道。

"千万别。"叶归很头疼，CRM 全称是 Customer Relationship Management，是 Gartner Group 在 1999 年提出的概念，对客户、商机、报价等信息进行管理，与 ERP 和 OA 等软件共同构成了企业信息系统，"第一代的 CRM 是基于浏览器和服务器架构的大型软件，一套系统动辄千万，实施周期在一年以上，风险也太大。"叶归使用过各种 CRM，有切身体会："笨重的 CRM 绑架了销售团队，大量录入数据，上这种 CRM 真是找死。"

"第二代呢？"宁萌听出了转机。

"美国 Oracle 的一位高级副总裁贝尼奥·马克意识到问题，预见到了互联网的高速发展，离职成立 Salesforce，通过云计算提供 CRM 服务，企业不用购买软硬件以及复杂的后台管理。"叶归身在互联网行业，知道得非常全面。

"Salesforce 更先进一些？"宁萌眉头舒展，这样便大幅度降低实施门槛。

"部署在云端，快速灵活定制，收取租金。"叶归侃侃而谈，"移动互联网突飞猛进，CRM 进入了移动时代。"叶归开始介绍第三代 CRM，"手机本身就有通信录，易于保存和管理，摄像头可以随时随地拍摄客户场景并扫描客户名片，手机 GPS 功能方便定位和签到，利用碎片时间，销售人员处在移动中，使用更加便捷。"

"理念很丰满，现实很骨感。"Linda 打断叶归，"我们买过好几套 CRM，一直都没用好，可别掉坑里。"

叶归没打算购买 CRM，解释道："公司要加强管理，销售不喜欢被管，这不是 CRM 能够解决的，让销售团队每天填报表，对业绩根本没有帮助。"

"先用表格吧，等流程固定下来，再从公司找几名工程师，简单做一个小工具。"叶归也对 CRM 无可奈何，最终还是回到了老路。他第一次实施 CRM 时极为重视，亲自上阵，数百人聚集在宾馆培训，广而告之，大张旗鼓地宣传。管理层强令录入所有销售线索，销售团队烦不胜烦，八仙过海各显神通，不约而同从外面找个小助理，向销售人员拿到信息，录入系统，勉强维持。系统不断升级，后来重金使用 Salesforce 的 CRM 软件，又成了痛苦的摆设，公司抓得紧，就让小助理凑数上去，公司放松一些，系统形同虚设。叶归的互联网公司人员素质极高，用成这样，实在是交代不过去。叶归慢慢悟出了原因，每个销售人员就那么几个订单，信息存在脑子里就行，顶多记在记事本上，CRM 成了负担。公司总希望录入的信息越全面越好，销售团队不得不大量录入数据，又得不到帮助和辅导。

"在办公室鼓捣电脑，肯定拿不到订单。"宁萌明白了这个道理。

"慎用 CRM 还有另外的原因。"叶归说道："宁萌厨艺好，想炒盘回锅肉，让我去菜市场买二两上好的里脊肉，结果呢？小贩用各种办法，劝我买了一头母猪，于是我赶着母猪回了家。"

这句话逗笑了宁萌，哼，他才没有那么脑残，叶归吃够了 CRM 的苦头说道："CRM 功能齐全，用在电信运营商和银行，对老客户进行分析和挖掘，倒也不错，但不太适合用来管理销售线索。"

"CRM 软件确实有销售漏斗。"宁萌也做了调研。

"销售漏斗足够吸引人，软件公司将功能集成进去，你只想买销售漏斗的功能，软件公司却给你一个极其复杂的系统。就像买二两里脊肉却牵回来一头猪，销售团队负担加重，更加不爱用。"叶归曾经为 CRM 崩溃和抓狂，不想让柠檬设计重蹈覆辙。

"第三点更致命，每个企业的情况不同，客户不同，流程肯定不一样。CRM 软件号称能够定制，极其有限，企业购买 CRM 本是为了优化销售流程，却变成削足适履，本末倒置。"叶归说完原因，再次强调，"错误使用 CRM 是梳理销售流程失败的一个原因，千万不要轻易购买 CRM。"

销售流程的指标极其复杂，需要处理大量数据，宁萌询问："如果没有 CRM，那些指标怎样计算出来？"

"在 EXCEL 里做些设置可以得到一些数据，再给助理们做些培训，就能用表格得到大部分数据，有些指标算不出来也没关系。使用三五个月之后，表格固定下来了，我找几位工程师，做一个小工具。"叶归的态度很坚决，暂时不使用 CRM，日后再说。

大门被推开，宁长晟和王勤旺在办公室门口叫道："你们来一下，开会。"宁萌、叶归和 Linda 乖乖来到会议室。"宁萌上任两个多月了，我们作为长辈要和你聊聊。"宁长晟威严地说道，"咱们一家人，打开天窗说亮话。"他无视叶归和 Linda，拿出财务报表，白纸黑字无法抵赖，"这个季度要结束了，数据惨不忍睹！"

"宁萌,你作为公司高管,不加强管理,反而削弱了,坏了规矩,让销售团队无所适从。"王勤旺一直强调规矩,早有不满。

"你作为主管营销的副总裁,应该在能够听见炮火的战场指挥战斗,天天在办公室里聊天,让员工们怎么想?难听极了,说你和助理跑到公司谈恋爱。"宁长晟虽然常常在外面跑,却有眼线留在公司,"你一个多月都没见过一次客户,怎么胜任副总裁的职位?"

三条指控都有真凭实据,宁萌无法反驳只好解释:"我们在办公室在梳理销售流程,没有谈恋爱。"

"销售流程!我的天呢!"宁长晟义愤填膺,"你和叶归梳理销售流程,宁麒麟和Linda也梳理销售流程,你们编理由能不能找个靠谱点儿的。梳理销售流程,订单就能从天上掉下来吗?"宁长晟稍稍缓和了语气说道:"清谈误国,年轻人要脚踏实地,不要异想天开。"

"公司交给你们,我不反对,如果你们不争气,我们不能眼睁睁看着你们把公司搞垮!"王勤旺和宁长晟达成了共识,前来逼宫。

"其他的不说了,就问你一句话,这个季度能够做多少?"宁长晟和王勤旺一唱一和,步步逼近。

按照现在销售漏斗的数据,比上个季度还有滑坡,可是他们一再逼问,她只好回答:"八千万。"

宁长晟一拍桌子:"才八千万?"

宁萌用刚学来的知识辩解:"二叔、姑父,吃着碗里的,盯着盆里的,上个季度盆里就这么多。"王勤旺和宁长晟脸色更加难看。叶归在公司常常拷问下属,没有被人拷问的经验,一时也不知道该说什么。Linda 却忍不住了:"一两个亿,值得大惊小怪吗?"

"你说什么?"宁长晟和王勤旺震怒。

宁萌知道 Linda 底细,她的团队每年销售收入上千亿,一两个亿对她真的不算什么。叶归看了 Linda 一眼,她闭嘴不再反驳。王勤旺大怒:"口气不小,你知道一两个亿包含多少订单吗?这些订单是天上掉下来的吗?都是我们辛辛苦苦,费尽心思从客户那里跑来的,包含着多少汗水和泪水?"他在气势上压住了三个年轻人,清清嗓子说道:"我们宣布两条,第一,再给你们一个季度时间,如果不能完成任务,董事会将重新考虑你们的任命。"

这是最后通牒,宁萌自责又难过,叶归怜惜宁萌,Linda 忍不住抬头答道:"我告诉你们两个老头,这一两个亿还真不算什么,这个季度我给你做到 1.5 亿,下季度给你做 3 个亿,明年比今年翻一倍!"

王勤旺和宁长晟听了 Linda 的大话傻了眼,不知道该怎么回答,她不在公司任职,承诺的数字根本不算数。王勤旺哼了一声:"不在其位,不谋其政。"宁长晟哼了一下:"站着说话不腰疼。"Linda 受了奚落,还要回嘴,被叶归一个眼神封住。宁长晟说道:"第二,叶归和 Linda 都不是公司正式员工,收回员工胸牌，不准再来公司。"两人断定叶归是背后主使，把孩子带偏了，要坚决把他们清除。

"还有吗？"宁萌很冷静，宁长晟和王勤旺摇头，宁萌说道，"我们商量一下。"

"没必要和外人谈。"宁长晟盛气凌人，不愿意再生波折。

宁萌答应了第一条："我如果做不到目标，就辞职。"她停了一下回答第二条："我无条件相信叶归，只有他在，我才能完成承诺的数字。"

宁萌把第二条作为第一条的附加条件，王勤旺和宁长晟商量了一下点头答应。宁长晟却不肯就这样罢休："Linda 必须走，我们不养闲人。"

"我可以走，但您要请我回来，就没这么容易了。"Linda 压住怒火，想着怎么算计宁长晟。

"做梦！我这辈子还没见过你这么爱吹牛的女人。"宁长晟摔门而去。

宁萌忐忑地返回办公室，上任后业绩太差，除了和叶归在办公室聊天，似乎真的没做什么。Linda 气呼呼地收拾了办公用品，甩开长腿不辞而别。宁萌抬头望着叶归："我们是不是应该去抓销售业绩，不应该在办公室里纸上谈兵？"

"小宁萌，为什么二叔和姑父要来和你谈话？"叶归倒了一杯茶水，"爷爷身体不太好，有件事儿要告诉你，你和麒麟要和爷爷好好谈谈。"宁萌看出他神色的反常，有些紧张，叶归说道:"别紧张,我找了很好的医生,你们劝爷爷配合治疗,立即住院。"

想起自从自己回到公司,宁正道来的次数越来越少,脸色也越来越差,赶忙问道:"爷爷病了?"

"他不放心,瞒着病情,我让 Linda 查到了他的病历,一刻也不能耽误了。"叶归猜到了前因后果,"爷爷很可能把病情告诉了二叔和姑父,他们也着急啊。"叶归心情沉重:"不要和二叔和姑父吵架赌气,齐心协力,让柠檬设计起死回生,爷爷才能安心住院治疗。"

宁萌学习笔记

销售漏斗的作用

销售漏斗既可以管理销售线索,也可以用来管理销售团队,更是企业的销售指挥体系,只有完善了销售目标细分、销售报表、销售例会、辅导和激励体系,销售漏斗才能发挥效用。

销售主管是实施销售漏斗的核心

梳理销售流程是一场变革,人的转变比制度和表格的转变更重要,主管应该学会分析销售报表,组织销售例会,并对下属进行辅导和激励,围绕销售流程建立起一整套管理体系。

销售目标细分

很多企业以结果为导向,缺乏过程管理,绩效考核和发放奖金以年度和季度为周期,梳理销售流程之后,可以深入到过程,以周为单位进行检查和辅导,确保销售团队每周进步一点点儿,累积起来将取得很大的进步。

阅读销售漏斗报表

销售主管通过销售漏斗报表掌握真实情况,有多少订单,订单处在什么阶段?最直观的就是容量类和流动类指标。主管还像战地指挥员,熟悉战术战法,听得见炮火指挥战斗,抓大放小,小订单依靠下属,对大型订单,销售主管亲自介入。

颜色管理

谁的业绩好,谁的业绩不好,很多主管只有笼统的感觉,不够精细,没有针对性的辅导策略。颜色管理采用红绿灯原理,预计完成的用绿色表示,接近目标是"黄人",介于百分之五十和百分之八十之间是"红人",连一半都达不到的属于"黑人"。针对四种颜色的员工,辅导方法和策略都不相同。

销售例会和辅导

销售报表只能发现问题,不能解决问题,企业应该建立销售例会体系,从上到下打通销售管理流程,在销售例会中,主管使用销售流程工具和颜色管理,分析问题,讨论战术和打法,协商下一步行动计划。销售报表只有在优秀的主管手中,效果才能最大化,在不合格的主管手中毫无价值。销售团队不拘形式,至少每周开一次销售例会。对于一些销售周期短,容易集中的店面销售,有时也会每天有例会。

销售辅导

业绩由行为决定,心态和能力决定行为,销售例会之后,主管应该通过观察记录、发现问题、提出改进和激励反馈四个步骤对下属进行辅导。销售辅导是主管的核心能力之一,对于带队伍十分重要。

激励

销售激励包括物质和精神两个层面,奖金设置要随着销售战略和目标随时调整,以季度为宜。销售主管还要用各种办法随时激励下属,鼓舞士气。

慎用 CRM

推行销售漏斗需要大量数据统计和计算,然而错误使用 CRM

（客户关系管理）是导致梳理销售流程失败的主要原因之一。CRM 过于齐全和复杂，导致销售团队花费大量时间录入数据，又得不到帮助。企业可以使用三到六个月表格，流程固化之后定制简单的软件。

第四章
客户拓展

1. 人是变革的核心

　　周末只有两天，宁萌却像过了一年。

　　宁正道病情早有症状，宁萌曾陪他去医院体检，中途被支开，那时就已经查出问题，柠檬设计困难重重，他不想住院治疗，开始安排宁萌接班。叶归曾经怀疑宁萌接班的动机，询问了体检医院，动用关系查到了爷爷的病历。宁长盛和王勤旺拿出了病历，爷爷拒绝治疗，他们只好在旁边抽烟，沉默不语，宁长馨第二波来劝说，他坚决不同意。宁萌和宁麒麟是第三波，讲了公司情况，拿出销售报表，一个一个订单向爷爷讲，保证他在医院里每天听到战报，但宁正道心在公司，宁麒麟跪在爷爷膝前哭着说："爷爷，我再不胡闹了，我把跑车卖了，一周没去酒吧了，我一定争气，不让您失望。"

　　"爷爷您说过，英雄出少年，我和麒麟一定努力学习，把公司管好，等您疗程结束，就把您请回公司，看看我们的成绩。"

宁萌跪在宁麒麟身边,叶归远远看着,宁正道心里的石头终于落地。

宁正道刚答应住院,宁长晟和 Linda 又起冲突,宁长晟不满她年纪比儿子大又离过婚,要把她赶出门去。Linda 在叶归公司主管营销和公关,人脉广泛,这次特意安排好医院来接宁正道住院。"爸,您过分了!"宁麒麟大为不满,向宁长晟抗议,"医院是 Linda 安排的,医生是她找的,会诊是她张罗的,就连爷爷生病都是她找到的病历,把爷爷送去医院的是她,您是爷爷的儿子,成天在外面跑,关心过爷爷身体吗?您还有脸说? Linda 如果不安排医院,您连病床都搞不定。"

宁长晟被怼得脸色发黑,下不了台,冲儿子喊道:"滚!"

爷爷住院了,公司业绩还没有起色,但爷爷在医院等着战报,所以必须加快进度。新一周的报表出炉,宁萌皱起眉头,增长缓慢,差距太大了,对叶归说道:"叶归,我要加快进度,举行全体大会,推行新流程。"

"时机不成熟。"叶归理解她心情,可是饭要一口口吃,生意得一单单做,"不要满天撒网,一步步来。"

"我们梳理了流程,建立目标细分、颜色管理、销售例会和辅导机制,哪有时间等待?"宁萌得知爷爷病情后乱了方寸。

"变革从人开始,不要从制度开始。"叶归直言不讳,宁萌固执沉默,她在登山途中就是这样,如果想不通就不说话。

"和爷爷视频一会儿。"叶归竖起平板电脑,接通视频通话。

"宁萌啊，这里条件很好，替我谢谢 Linda。我们昨晚聊了，她把实施销售漏斗的经过都讲了，我想给你讲一个故事。"爷爷躺在病床上，阳光暖洋洋地照射进来，"我是经历过民国时期的，那时候有个说法，叫作民国不如大清。"

宁萌是 95 后，这些只在历史课本上看到过，问道："大清、民国，和销售流程有什么关系？"

叶归把宁麒麟叫来，坐在宁萌旁边，爷爷见到孙子孙女很宽心，慢慢讲道："你们在历史课上肯定学过，鸦片战争后，大清帝国日薄西山，内外交困，太平天国运动，不平等条约……"爷爷讲了很多历史，"辛亥革命打破两千年的封建制度，制度优越于大清。中国应该从此走向繁荣富强了吧？可是袁世凯复辟，军阀混战，中原大战，日本入侵，好不容易抗战胜利，却爆发全面内战，蒋介石逃到台湾，中华民国历时三十八年，还不如大清朝，为什么好制度没有好结果？"

宁麒麟想让爷爷开心，笑着说："因为没有使用销售漏斗？"

爷爷笑出声来："严肃，请答题！"

"戊戌变法失败？如果我们变革失败，也会像大清朝那样？"宁萌睁大眼睛认真回答。

爷爷想了一会儿问："戊戌变法为什么失败？"

"因为慈禧？我爸和二叔就是！"宁麒麟其实也没有把握。

"慈禧为什么反对变法？"爷爷差点儿被搅乱，不让话题扯到无法回答的状况，"变革的根本是人，制度在一夜间建立，中国人剪去辫子，态度没有变，思维没有变，能力没有变。大清朝制度不好，人们习惯了，新制度来了，慈禧还是慈禧，草民还是草民，人们各有理解，新制度运转不灵。人是变革核心，不是制度，推行变革要先从人开始，不要盲目建立新制度。"

宁萌听了宁正道的故事，更加相信叶归，他们从云南回到北京，发现了对方的另外一面，好像变成了另外一个人，幸运的是，他们依然互相喜欢和欣赏，有说不完的话题。爷爷缓缓说道："宁萌、麒麟，我明天就要进手术室了，我会积极配合治疗，安心养病，我还要活着见到重孙和重孙女。"

宁萌的心揪了起来，手术会不会有风险？叶归握紧她的掌心安慰道："爷爷终将王者归来。"

爷爷说出了挣扎许久的决定："还是那句话，英雄出少年，爷爷年纪大了，身体不争气。你们还年轻，大有希望，我决定退休，把公司交给你们。我呢，就全心全意治病，顺便做个设计。"

"您身体吃得消吗？"宁萌知道，爷爷最爱的是设计，只是忙于公司琐事，很少亲自出马。

"我不能混吃等死，一边治疗一边做设计，心才能安定。"爷爷迫不及待要挂掉视频。

"您做什么设计？"宁萌很困惑，公司没有哪个方案交给爷爷啊。

"哈哈，爷爷接的私活儿。"宁正道挂了视频，构思设计思路去了。

爷爷的病情让宁萌和宁麒麟一夜成长，叶归走到白板前画出一个转变模型，左下角是现状，右上角是未来的目标，两个箭头表示转变的过程，上面是制度的改变，下面是人的转变，他指着左下角说道："我们站在这个山头，要到达更高的顶峰。"他的笔尖指向右上角，"不能从这个山头飞到那个山头，只能踏踏实实走下这个山坡，重新攀登。"宁萌和叶归结伴登山相识，当然懂这个道理，重重点头。叶归说道："为什么要转变？变革有什么好处？会不会消极对待，找出各种借口抵触变革？会不会有慈禧一样的人物阻挠变革？"

宁萌向叶归学到了很多："梳理流程，帮助他们管理商机，提升业绩，拿到更多奖金，好处不够吗？"

"远远不够。"叶归笑着，宁萌年轻且天真。

"抛块石头，听声探路，把障碍找出来，一起寻找解决方案。"叶归前半句话借用了前人的常用办法。

"抛石头？"宁萌没想到这些，在心里佩服叶归老谋深算。

"找来方方面面有代表性的人，销售主管、售前支持、市场人员，还有一线销售，畅所欲言，把当前的问题列出来。"叶归推动过不少变革，按照模板说下去，"做出判断，影响业绩的最主要矛盾是什么，问题有多严重，梳理销售流程是当务之急吗？找出主要矛盾，稍加引导，让他们自己琢磨出来，不要灌输给他们，是他们想变，而不是我们让他们变；再看看大家的态度，谁是老顽固，谁消极应对，趁机捣乱，谁是支持者，变革势力能不能压过老顽固？"

宁萌听得津津有味，这是引蛇出洞再秋后算账的做法，自己受益匪浅。叶归在创业过程中积累了丰富经验，继续讲述变革："还要让一部分人先富起来。"

这不是改革开放的方法吗？宁萌问道："这话怎么讲？"

"纳入绩效考核，抓到老鼠就是好猫，拿奖金。"叶归把变革和收入挂钩，有立竿见影的效果。当初改革开放起始于小岗村的包产到户，原始动机就是农民要富起来。1992年哈佛教授卡普兰在《哈佛商业评论》发表平衡记分卡理论，考核指标分成财务指标、过程性指标、学习发展指标和客户满意度指标，销售流程的指标是过程性指标，属于软性指标，不影响奖金和提成，作为年底绩效指标内容，影响加薪和晋升。

宁萌自从跟了叶归改变很大："再下一步？"

"摸着石头过河，通过试点积累经验，初战谨慎，初战必胜。"叶归继续使用邓公的办法。

宁萌只有佩服哪有异议，连连点头说："邓公是改革开放的总设计师，肯定不会错，下一步是邓公的哪句话？我想想，两手抓，两手硬。"宁萌说了出来，不知道怎么与现实相对应。

"人的转变和制度的转变，两手抓，两手硬。"叶归很欣赏宁萌，"人的改变包括心态、方法和能力的转变，心态靠激励，先完成销售方法的转变，再提升能力。"

这些都是邓公指导改革开放的经验，宁萌拍拍脑袋说："我差点儿变成光绪了，要先完成人的转变，再实施销售制度变革。"

"销售方法和技能的转变就是赋能。"叶归说道，"销售也有

第四章　客户拓展　115

套路，金庸先生的武侠小说中既有降龙十八掌这样的绝学，也有套路一般的武功。"他双眼熠熠放光，仿佛回到过去"五步杀一单，千里不留行"的拿单日子，"传统套路是收集资料、建立关系、挖掘需求、介绍产品和方案，遇到真正的绝学，只能落荒而逃。"

"真正的绝学就是价值竞争吗？"宁萌多次听到这个名称，但仍然是管中窥豹，不得通览。

"我当初一边参加课程，一边摸索。"屏幕一闪，叶归把价值竞争的步骤显示出来讲道，"客户采购分成发现需求、立项、购买标准、评估比较、购买承诺、实施六个阶段，加上前期的建立信任，以及后期的回收账款，便是价值竞争，是以客户为中心的销售方法论。"

"区别在哪里？"宁萌听说过很多次，这次终于可以深入了解。

宁萌从不曲意逢迎或者妄自菲薄，独立的精神和灵魂才是让人动心的源泉。叶归的公司规模扩大，但苦于销售人员资质一般，所以呕心沥血建设了整个销售体系，这张图凝聚着他多年的心血，非同小可，包含了管理流程、销售阶段、对象、采购要素、理论模型、销售技巧以及漏斗阶段七个层面。其中又有六张工具表格，将这套打法归纳进去，更是精华中的精华，只要反复实习，普通人也可大成，协同作战无往不胜，但要成为顶尖的高手还需天赋，绝非外力可为。

"这个图形放平就是销售漏斗。"宁萌兴致越来越高，销售流程的精华不在于报表，而在这些销售方法，只有在销售流程的不同阶段使用相应的方法才能改变销售结果，仅仅记录在表格中，肤浅且没有意义。

宁萌一边听一边问，直到傍晚，叶归才把销售流程中蕴含的销售方法讲述了一遍，但宁萌仍觉得没有吃透，把表格打印出来贴在墙上，以便实时参详。如果让销售团队掌握这些打法，必能取得极大成效，宁萌意犹未尽："能不能详细讲讲这六个表格？"

"二叔和姑父说得对，我们不能在办公室纸上谈兵了，实战是检验真理的唯一标准。"叶归取出六张卡片，"从今天开始，要在实战中看看这套方法论的威力。"

2. 客户拓展表

宁正道的切除手术十分成功，在 ICU 观察几天后回到病房，宁家全家都去探视，连忙几天之后，宁萌回到公司，业绩进展仍然十分缓慢。王勤旺是赘婿，一直在医院伺候，晚几天回到公司，先去了财务再来到宁萌办公室，他知道叶归是宁萌主心骨，于是说道："叶归，看看销售数据，签了多少订单？"

柠檬设计的订单周期要持续半年到一年，叶归不想辩解，只是说："姑父，我们还需要一些时间。"

"多久？"姑父牵挂着爷爷病情，心急火燎，嘴角都起泡了。

"下个季度。"叶归交了底儿。

"哎！"姑父重重叹气，"心急吃不了热豆腐，我懂。这里没外人，我说实话，公司每天开销几十万，现金流顶多撑到年底。如果公司垮了，老爷子身体受得了打击吗？"

宁萌知道公司在爷爷心中的分量，可是销售业绩不是下决心就能立即提高的。叶归不知道该怎么安慰，姑父更加着急："叶归答应这周的报表会好看一些，商机差太多了，老爷子出了ICU，要看公司报表，我没脸把这个拿去！"

叶归梳理流程还没有见到实效，还是纸上谈兵。"我交个底儿，你二叔正在找投资，把公司卖了，我一直反对，但是卖了总比死了好，你们看着办吧。"姑父又说了重话，"叶归，老爷子的命握在你手里。宁萌，真不知道你吃了什么迷魂药，偏要相信一个来历不明的外人！"

姑父摔门而去，宁萌心情沉重："姑父原是爷爷的司机，老实本分，得到爷爷资助完成学业，加入柠檬设计，小姑年轻时条件好，挑来挑去变成老姑娘，快嫁不出去了。爷爷觉得姑父踏实可靠，做主让他入赘，他对爷爷感情特别深。"叶归有了莫名的感动，宁萌很着急："销售流程什么时候才能见效？"

这是一个关键的问题，叶归回答："客户采购周期特别长，短则六个月，长则一两年。"柠檬设计的客户都是政府和企业，有既定时间表。

"自从得知爷爷病情，脑袋里好像装了一个定时器，不停地旋转。"宁萌明白这个道理，只是仍然希望有奇迹发生。

"只能踩油门，一往无前向前冲了，先从北京开始，然后启动华东和华南。"叶归有些担心，Linda 被宁长晟赶出公司，无法在公司帮宁麒麟，"吃饭的时候聊吧，Linda 和麒麟在等我们了。"

宁萌又选了一家餐厅，叶归从来没有吃这么多，同样都在北京，自己怎么找不到这么好的地方？一顿饭吃完，叶归举杯说道："一万年太久，只争朝夕，不能等了，让爷爷尽快看到结果！让他安心治病，不用担心公司，煽情的话我不说了，就一个字：干！"四人干杯击掌。叶归又说道："锅里有粮，心里不慌，这周就把商机填满！今天再和老吕、老黄、洪大姐和小黑聊一下，用这个工具。"

"好，吃了上顿有下顿。"宁萌立即支持叶归。

"大河有水小河满，大河无水小河干！"宁麒麟说了一句，让众人惊讶。

客户拓展计划表	
R 类客户	
A 类客户	
D 类客户	
市场策略	
资源	

"都自学成才了。"Linda 拿出一个表格说:"当务之急是解决商机不够的问题,用客户拓展计划表。"这个表格应该每季度用一次,因为姑父的催促,叶归和 Linda 提前了计划。

Linda 画出一个图形说:"客户可以从两个维度来看:一个是客户采购潜力,一个是我们的份额,有些是客户采购潜力小,我们市场份额也不高。"

"偏远地区市场不大,不值得派人常驻,'食之无味,弃之可惜'。"宁麒麟从客户划分中找出了对应的客户群,自从爷爷住院,他就变了个样。

"他们偶尔也有大订单,应该采取侵扰策略,派出侦察部队,寻找商机。"Linda 说。Linda 跟叶归创业时,没有实力硬磕大客户,从中小客户入手,这是非常辛苦的销售模式。她指着图形左上角说道:"这里的客户潜力不大,份额比较高,是我们死守的地盘,虽然销售收入不多,但啃得也有滋有味。"这类客户潜力不大,却有可靠的利润,"对这类客户应该维系,争取最佳的投入产出。"

叶归指着右上角说道:"潜力大、份额大的客户是防御区,英文叫作 Retention,是我们的根据地。"

"应该派遣专业队伍,提供最棒的服务支持。"宁麒麟全身心投入讨论中,他和爷爷感情极深,对 Linda 佩服得五体投地,两种情感改变了他。

叶归接触了很多领先企业:"华为在这里聚集最棒的售前工程师、销售顾问和服务团队,叫作重装旅,随时满足用户需求,由于份额很高,难以提高,所以考核的重点是销售利润。"

"这就是北上广市场。"宁萌忧心忡忡,根据地被攻城略地,损失惨重。

"最好的防守是进攻,要反攻!"叶归指着右下角,"潜力大但我们份额不高,所以要积极拓展,英文是 Acquisition,这个矩阵又叫作 RAD 矩阵。"

"D 代表什么?"宁萌问道。

维系	防御 Retention
侵扰	进攻 Acquisition

"Development，发展区域处于防御和进攻之间。"叶归介绍完 RAD 模型，继续讲述："在维系和侵扰区域，销售顾问、设计师和实施工程师组成铁三角，发现小订单一口吃掉。在防御和进攻区域，遇到大订单，呼唤炮火，重装旅冲过来，男盯男，女盯女，技术盯技术，领导盯领导，二十四小时不放松，毕全功于一役。"

"这就是铁三角和重装旅吗？"宁萌听过这个概念。

叶归解释得非常详尽："这种模式也叫作农夫和猎手，猎手寻找商机打下来。农夫精耕细作，在划分好的区域内播种、施肥、灌溉、锄草，获得最大的收获。他们的能力要求也不相同，猎手年轻，有冲力，农夫更加专业和成熟，帮助客户发现问题，提供解决方案。"

"商机不足的时候，就从这个矩阵中想办法吗？"宁麒麟更担心北方区商机不够的问题。

"把这个矩阵放入表格中，和销售团队讨论客户拓展计划，除了客户细分，还应该包括策略、计划和需要的资源，力求找到商机。"原理有些复杂，叶归中断了一下说道，"去年销售额是五个多亿，大概发现了 20 个亿的商机，全国设计和装修市场规模大概 1000 亿元，我们只找到了 2% 的商机，按照这个方法细算，河南 GDP 占全国的 5% 左右，应该找到 50 亿的销售线索，每季度十几个亿，销售漏斗里面只有几百万，再细分到洛阳，占河南省 GDP 的 9% 左右，应该找到 4.5 亿销售线索，报表中一条都没有，差距非常大。" RAD 模型需要为客户建立采购力指标，如果客户是一所大学，采购力指标可能是学生数量，医院的采购力指标可能是医生数量，根据采购力指标再计算客户份额。柠檬设计的产品很特殊，叶归用 GDP 作为城市的购买力指标，虽然不精准，但也够用。

"好，我用这个表格和他们开会。"宁麒麟很着急，站起来。

"工作量特别大，定个酒店，用一个周末解决商机不足的问题。"叶归预见到了漫长的会议和讨论。

3. 实践

（1）圈地

宁麒麟和宁萌返回公司，立即讲解客户拓展计划表，要求认真填写。自从梳理销售流程之后，宁萌删减了繁杂的报表，这是第二张要求销售团队填的报表，宁萌忐忑不安，好在有叶归和 Linda 两个强援。周末，北方大区的全体销售聚集在郊外的宾馆会议室中轮流过堂，宁萌、宁麒麟、叶归和 Linda 作为评委。当大黄上场的时候,宁萌集中精力,他再次抱怨客户不够,商机不足,表格中的客户寥寥无几。

"巧妇难为无米之炊,所有客户都放在这里了,需要领导解决。"大黄仍然是老态度,坚持要客户。

"西城确实是老城区,新建筑不多。"宁麒麟做了预案,拿出一份街区清单,Linda笑了,他俩昨晚边吃边聊,苦思冥想,在大众点评上找到的热门商区分类,"西城区包括西单、动物园、月坛、后海和什刹海、广外大街、前门、复兴门、阜成门、新街口、西四、牛街、地安门、宣武门、虎坊桥……"宁麒麟说绕口令般一口气报出三十多个街区,老黄不禁心惊,这个纨绔富二代今天不好糊弄了?

"我把以往的合同放到表格中,大家看看结果。"宁麒麟将图形投射到屏幕上,"我想知道,为什么金融街过去五年一个订单都没有?没盖楼吗?"他故意说反话,大黄作为北京土著当然知道金融街五星级酒店和购物中心云集,但仍在辩解:"我怕咱们实力不够啊,没敢放进去。"

"敌人杀到眼皮底下了,你不敢打,就说敌人没来?"宁麒麟年轻气盛,不留情面,"小怜玉体横陈夜,已报周师入晋阳!"他引用李商隐的一首诗,Linda震惊了一下,他挺有文化,不是傻富二代。"巧妇难为无米之炊,不开荒怎么耕田?不耕田哪来的米!"宁麒麟拿出真凭实据,大黄百口莫辩。宁麒麟打开地图,投影出来:"咱们先圈地,再开荒,这是卫星地图,在建楼盘清清楚楚。"他用笔尖指点屏幕数给大黄:"八十多个在建工地，客户拓展表里有几个？六个！大黄，是不是糊弄我？当我傻？"

客户拓展计划表就像一个筛子，通过进攻、防御、侵扰、维系四个大筛子过一遍，再用更加细分的区域或者行业筛一遍，力争不放过每个客户，以前公司没有这个筛子，稀里糊涂错过了好多客户和商机，大黄是公司老人，业绩还不错，宁萌为他保留情面说道："我们刚推行这个表格，大家不理解很正常，现在是晚餐时间，走，吃饱喝足，继续开会。"

众人散去，宁萌抱怨宁麒麟："爷爷病了，你心情不好，别拿他们撒气！"

叶归大感满意，宁麒麟做了充足的准备，背后还有Linda，北方区可以安心交给他，他喊来Linda帮忙，意外促成了姐弟恋，也是始料未及。叶归把宁萌、宁麒麟和Linda召集在一起匆匆吃了盒饭，接着说道："今天晚上搞个通宵，分成两组，我和宁萌看十个人。麒麟，你和Linda看另外一半，汇报完就可以睡觉，每个人都把客户拓展计划表过一遍。"

"嗯，我倒要看看能榨出多少商机？"宁麒麟摩拳擦掌，跃跃欲试。

叶归又拿出一个报表说："明天上午九点准时开始，用这个表格开荒。"宁萌看看时间，按照这个时间表估计今晚要折腾到凌晨四五点，明天还要开会，叶归真是"静若处子，动若脱兔"。

(2)"开荒"

宁麒麟用了一个形象的比喻,将客户拓展计划比作"圈地"。叶归顺着这个思路说了下去:"麒麟说得好,我们用客户拓展计划来'圈地','开荒'用这个表格。"趁着销售团队都在吃饭,叶归抓紧时间讲解:"信任关系是销售的基础,否则客户绝不会说出心里话,如果关系好,即便不懂销售技巧,客户提着耳朵也会说出需求,尤其在中国这样的人情社会,事情在台面下谈好,台面上只是形式,这是销售流程第一个阶段的工具表——客户关系发展表。"

宁麒麟开始梳理销售流程的时间很短,学得却很快,指着销售漏斗图形问:"销售漏斗第一阶段是接触客户,销售方法叫作建立信任,为什么不一致?"

Linda不厌其烦说道:"销售步骤非常模糊,建立信任很可能持续到合同阶段,必须明确清晰,漏斗阶段是两个销售阶段之间清晰的分界线。建立信任是销售方法的第一步,激发需求是第二步,接触客户是两个阶段的分界点,在填写销售漏斗表格的时候易于判断。"

宁麒麟明白了:"嗯,接触客户是分界线,建立信任是步骤。"

他的聪明劲儿不亚于宁萌。叶归又拿出一个表格说:"这个表格是这个阶段的关键动作,宁萌和麒麟,你们要检查他们是否完成了这些动作。"

漏斗阶段	见到客户
销售步骤	建立信任

- 发展内线，完整地收集资料，包括客户的组织结构，关键客户的个人信息，如兴趣爱好、社会关系、职业背景等。
- 识别客户采购角色，绘出作战地图。客户采购角色共有四种：①决策者：做出关键的五个决定，即是否购买、采购时间、预算、决定供应商和最终商务条件。②发起者：意识到问题严重性，提出采购建议。③设计者：制定解决方案和购买标准，以及其重要性排序。④评估者：根据购买标准，对潜在供应商进行评估，在大型招投标中，往往选取专家组成评委会。在不同采购项目中，采购角色可能重复，如发起者可能是设计者，在小型采购中，设计者、评估者、发起者或者决策者甚至可能是同一人。
- 推进客户关系发展。客户关系分成四个阶段：第一个阶段是认识，互相知道对方的基本信息，应该保持良好的专业形象，包括服装、言谈举止和专业知识，取得客户好感，这样才有继续推进关系的机会。第二阶段是互动，你来我往，与工作有关的聚餐、运动、参观考察、展览和交流。客户可能与多个厂家保持互动关系，没有明确的倾向性，并不一定支持你。第三阶段是私交，与工作无关的私密聚会或者家人、朋友的来往，取得客户的倾向性支持。第四阶段同盟，为了共同利益和兴趣结成同盟关系，客户透露情报，出谋划策，穿针引线，并在采购的关键时刻替你说话。销售不是请客吃饭，付出应有回报，推进关系的行动计划应该以同盟为目标，根据回报确定活动的投资。
- 兴趣点是推动关系发展的关键，找到了顺水行舟，找不到则事倍功半。内线是找到客户兴趣点的来源之一，更为重要的是要学会倾听，在与客户沟通时，他们的提问往往代表了兴趣点。
- 建立初步的信任关系之后，才可以介入客户的采购流程，为客户创造价值。

宁萌不喜欢商场上的应酬："做生意一定要拼关系吗？不能

正正当当的吗？"

叶归的原则向来是，违法的事情坚决不做："只要锅里的客户、盆里的商机足够，不用非要吃他那碗。"

"还应该有一张表，描述客户的建筑面积、装修风格和预算，姑父的表格中有，我只加一张客户关系发展表。"Linda看看手表，拿出一张新的表格讲："客户拓展计划表是'圈地'，客户关系发展表是'开荒'，在销售流程的每个阶段应该用相应的报表来检查，才能夯实。"

采购角色	姓名	兴趣点	关系阶段	行动计划
发起者			（认识、互动、私交、同盟）	
设计者				
评估者				
决策者				

"这个表格需要他们填吗？"宁萌问了一个很好的问题。

"不用，每人都有不少项目，方法论的工具表有六个，如果每个项目都填，书面工作量确实太大了，主管也检查不过来。"叶归停了一下说道，"但这些工具表又太重要，如果不写出来，拜访客户时很难沟通好。"

"到底要不要他们填？"宁麒麟马上要去主持北方区会议，要问个明白。

叶归摸索了很久才渐渐找到方法:"每位总监都应该管好最重要的十个商机,北方、华东和华南就是三十个,对于这些重要的商机,他们需要详细填写,你们也要亲自参与。"他又转向宁萌说:"作为销售副总裁,你要亲自盯住全国最重要的十个商机,亲自上阵。对于其他的项目,六张表格属于选填。实战出真知,使用三到六个月之后,这六张表格在实战中学习和巩固,养成行为习惯,渐渐变成柠檬设计的销售套路,那时就不用填写表格了。"

叶归没有吹牛,销售流程漏斗中的表格真的很多,又十分繁复,有的供主管使用,有的让一线销售人员用,填写周期也不同,销售目标细分、客户拓展表每个季度使用,方法论表格不拘于时间,在每个项目中的不同阶段使用,就像手术复杂的设备一样,如果一下拿出来,会让初学者眼花缭乱,不知所措。宁萌和宁麒麟消化了两张表格后,北方区销售们也回到会议室一一汇报客户拓展表,直到凌晨,第二天继续进行,一直到周日下午才结束。把客户筛选了一遍,但能否产生商机还是巨大挑战。

会议即将结束,宁麒麟拿出客户资料和关系拓展表总结:"这次会议梳理客户,是'圈地',距离收获还有很多工作,下周重点是'开荒'!一周五个工作日,希望大家规划好路线,把在建的工地扫一遍,每天四个,一周二十个。"宁麒麟要求很高,北方区放羊惯了,上午和下午各见两个客户是巨大的工作量,众人面有难色。宁麒麟说道:"给我一片儿,和大家一起跑,而且质量比数量更重要,Linda。"

Linda推出一个小车，里面是一条条的中华香烟，他抽出一条举起来说："工人兄弟都喜欢抽几口，每人一条，到了工地别急着走，找个愿意聊天的工人晒晒太阳，抽口烟，临走时别抠门，把一整包留给人家，内线不是白当的。建筑面积、完工时间、装修负责人的姓名和手机都要回来，我不喜欢填表格，但连这些最基本的资料都不知道，仗还怎么打？"

宁萌计算，如果每人拜访二十个客户，全国五十多位销售，就能见到一千个客户，假设百分之十的客户有装修需求，那就是一百条商机，加上盆里的和碗里的，有可能把漏斗填满。她不想耽误时间，和叶归说道："华东和华南也不能耽误，我们过去把那里的客户拓展计划表和客户关系表推行下去。"

（3）播种

周末会议耗尽了体力，销售团队出去跑工地，自己怎么能睡懒觉，宁萌来到办公室时，宁麒麟和叶归已经到了，正在通过手机定位观察着每位销售人员的轨迹。

"该去上海了。"叶归提着行李箱，再度结伴而行，熟悉又开心。

"宁总，等等。"王勤旺拿着一摞厚厚的资料出现在会议室，他不习惯电子办公，总让秘书把报表打印出来放在手里，"刚好麒麟总也在，公司经营状况你们知道，经不起折腾了，好端端的办公室不用，非要跑到宾馆开会，开了十几间房，吃喝拉撒，会议室，好几万！不当家不知道柴米油盐贵，大手大脚！"

"大炮一响，黄金万两。"宁麒麟省下赛车和喝酒的钱，足够覆盖这些费用。

姑父争辩说："你发了几十条中华，就好几万，黄金万两能不能赚到不好说，销售费用就上天了，现在全体人马跑业务，打车应酬就不少钱，不能这么烧。"

叶归和 Linda 面面相觑，他们现金流充沛，从来没有省过销售费用。赶忙问道："姑父总，销售费用都不能保障？"

姑父一脸鄙视，对待叶归是另外一个态度，自己是赘婿，叶归是准赘婿，他在柠檬设计十几年，自认为有资格教育叶归："量入为出！大把花钱，赚多少回来？一分钱都没有！叶归，我说句难听话，你别介意！"

Linda 受不得气，最烦这话："我介意，您打住！这点儿数字还好意思提吗？我秘书的秘书都能批了，还跑我这儿说难听话，犯得着吗？"

"你怎么来了？"姑父瞧见 Linda 更生气，上次会议已经决定，Linda 不能再来公司，叶归和宁萌要去上海，她不放心宁麒麟，趁着宁长晟在外面跑投资，偷偷来到公司。Linda 嚣张地顶撞自己，王勤旺被噎得脸红脖子粗。

叶归也笑了，Linda 过惯了大手大脚的日子，不知道中小企业的难，说道："量入为出，您说得对，咱们单聊。"

王勤旺开了一个会议室，把叶归单独叫进来，定下规矩："咱们从心灵深处好好聊聊。"叶归差点儿要喷，给 Linda 打电话说道："航班推迟两个小时。"挂了手机向王勤旺说道："时间留足了，您慢慢讲。"

王勤旺很满意叶归的态度，坐下来说道："我是赘婿，你还没进门。"叶归没明白："进门？"王勤旺点头说道："是啊，明媒正娶，收彩礼进门。"叶归的价值观被颠倒了，彩礼？王勤旺一脸正色："你我都是外地的穷孩子，进宁家的门儿，不能孝敬自己父母，当然要收彩礼了。"

"大概多少？"叶归是一个很有好奇心的人。

"别打岔！"王勤旺怒了，"你自己怎么花钱我不管，不能撺掇宁萌花钱，这是宁家的，不是你的。"叶归觉得有道理。王勤旺继续说道："有些赘婿拿彩礼进家门，出门没车没面子，身上没有大牌也没面子，伸手就要，太没规矩了。"叶归这才明白他要给自己上课，笑着说："姑父，我没那样，这不是为了自家生意产生的销售费用吗？"

"花这么多钱，能赚回来多少？"王勤旺把话题拉回来。叶归耐心解释，"圈地""开荒"，以后还要"播种"，春耕秋收都要投入，也需要时间，说道："姑父应该风物长宜放眼量。"

王勤旺哪里听得进去："我就是不见兔子不撒鹰！"

"舍不得孩子，套不到狼，姑父！"叶归也说出了歇后语。

"你脑袋是不是进水了，谁拿自己孩子去套狼？"王勤旺勃然大怒。

叶归当初创业时也是一分钱掰两瓣花，对王勤旺有同理心，耐心解释，王勤旺被惹急了，生气道："我好心好意劝你，你油盐不进，一句话都听不进去！告诉你，如果这个月的业绩还没有起色,我不批任何费用!"王勤旺话不投机,转身离开,走到门口说道:"你还挺有心眼儿啊,趁着老爷子住院,我们去医院照料,把队伍拉出去开会,趁机夺权,以为我看不出来!你就是石达开!搞分裂没有好下场!"

"我是石达开?"叶归指着自己鼻子。

"年轻人太不守规矩了,就一句话,不能乱花钱,费用我不批!"王勤旺仰天长叹,搞得众人莫名其妙。

叶归不想看他这么难过:"姑父,等我一下,十分钟。"他如同斗败的公鸡,回到宁萌办公室说道:"量入为出,姑父这四个字把我拿捏得死死的,怪我'不当家不知柴米贵'。"叶归挺理解王勤旺,一分钱难倒英雄汉,他也有难处,"再没有成绩,销售费用就没了。"

"我出!"Linda 气坏了,五十几位销售的费用,她还真没放在心上。

"这算哪门子事儿?"宁麒麟很为 Linda 着想,自家的费用不能算在她身上。

"这不是长久之计,要尽快见效,"叶归也同意 Linda 的做法,向宁萌问道:"这周的报表出来了吗?"

"正在填。"宁萌向窗外看去,一部分销售团队周末回到办公室填报表,还有一半在跑客户。

叶归回来为王勤旺倒了一杯茶:"姑父,马上出销售报表,先看看再决定销售费用,行不行?"

王勤旺看看手表:"这是两回事儿,节衣缩食才是生意经。"

叶归费尽口舌把王勤旺留下来，回到宁萌办公室，心里也没底，建筑设计行业和自己熟悉的互联网行业完全不同，于是说："宁萌，催一下华东和华南。"

"大黄的出来了！"宁麒麟喊道，王勤旺寻声出来向大屏幕看去，"12条，总共860万！"姑父困惑地看着报表，大黄的商机增加了一倍。

"洪大姐没增加，还少了200万！"宁萌看到第二份报表后说道。宁麒麟向外喊道："洪大姐，进来一下。"她的肚子明显起来了，宁萌不忍心逼迫她到处跑工地。宁麒麟指着报表问："大姐，这商机怎么还减少了？"

洪大姐坐下来，双手托着肚子："麒麟，你要逼着我每天到处跑？"

"不能占着坑不干活，您这情况我们理解，把客户分出来一些，让其他人跑。"宁麒麟用商量语气说道。

"生完孩子把客户还我？"洪大姐怀了四个月，生完孩子还有哺乳期，回来上班是一年以后的事情，柠檬设计处于震荡期，谁也不知道多少人进进出出。

"孩子没爹，以后上幼儿园读小学都指望我了。"

王勤旺不忍心说道："麒麟，洪大姐当初跟着一起创业，是北方区的顶梁柱，现在怀了孩子，咱们得好好处理，别让大姐伤心。"宁麒麟的脸色不好看。

"麒麟，仔细看看报表。"Linda把连续几周的报表归档在一起，交给宁麒麟。

"还是有明白人。"洪大姐看向屏幕,"你没看看我少了什么?"宁麒麟翻出上周报表,消失的是一家即将开业的购物中心,"环球购物中心!"这是朝阳区的大型购物中心,十分关键,"丢了?"

"没看财务报表吗?"洪大姐平平淡淡,心底极有底气。

财务报表还没有出来,宁麒麟打电话让财务去查,过了一会儿兴奋喊道:"五百万!签了?"他端了一杯茶双手奉上:"这么大的事儿我怎么不知道?"

"我上周就泡在环球购物中心了,这样行不行?"洪大姐私藏了不少商机,报表打了不少折扣,五百万说成两百万,输了责任小,赢了老板没话说。

加上这五百万,洪大姐的销售任务已经完成,宁麒麟秒变"舔狗":"大姐,您不早说,我着急上火的,向您赔不是!赶紧回家养胎!"

"我不跑工地了?"洪大姐慢吞吞起身,宁麒麟赶紧扶起来送到门口,小心翼翼地说:"身子金贵,跑啥工地?"

"不行,吃了上顿下顿没着落。"洪大姐停住脚步,"麒麟,你喜欢开车溜达,帮大姐跑?"宁麒麟苦笑答应,谁能超额完成任务,在公司就是大爷。

"数字出来了!"Linda 喊了一声,众人目光集中到了屏幕:"2.2 个亿!"商机比上周翻了两倍!

"糊弄我?"姑父十分谨慎,不相信这个数字,把黑莉莉揪进来问道:"莉莉,你这些数字怎么编出来的?"

"编的？"黑莉莉跑去取回笔记本电脑，投影在屏幕上，"工地信息表，您设计的，熟吧？这是地址、装修面积、开业时间，这是内线电话，您亲自去问。"每条商机对应一个工地信息表，十分扎实，绝对编不出来。

"姑父，差旅费您批不批？"宁萌见到销售漏斗展示威力，信心转换成了动力。

王勤旺盯着销售报表细细审阅，看完说道："我管这么多年销售，除了大哥在的那阵子，从没见过这么多商机！"他口中的大哥就是宁萌父亲宁长隆。

"大炮一响，黄金万两！"宁麒麟搂着王勤旺肩头又说一遍，叶归擦擦汗水，费这么多口舌才说服他拿出销售费用，实在是太难了。

王勤旺终于批了销售费用，他走之后，叶归看着报表发呆，远水不解近渴，这些商机都是刚刚找到的工地，合同时间大都在半年之后，对近期业绩帮助不大，如果季度末拿不出成绩，王勤旺这关还是过不去，说来说去，还是前面销售管理的底子太薄了。"已经开了荒，就播种吧。"叶归把航班推迟，干脆让Linda向宁麒麟和宁萌继续讲授。

宁萌和宁麒麟各有分工，她亲自抓华东和华南，上任之后和叶归泡在北京，只在视频会议中见过华东和华南的团队，教他们使用客户拓展计划来圈地，用客户信息表和关系发展表开荒，总担心不扎实，播种又是什么意思："方法论的第二步是挖掘需求，这就是'播种'吗？"

Linda 答道："需求是客户采购的核心，以往的销售方法论强调，我们必须全面、完整和深入地挖掘需求，这被证明是过时的理念。"

"过时？"宁麒麟不太明白。

Linda 身在互联网行业，视角和传统行业不同，她耐心讲道："这是二十世纪的观点，客户像病人，只能感觉到痛苦，并不知道病因，医生通过深入的诊断了解疾病的性质，提供治疗方案，我们应该帮助客户发现问题并提供解决方案。"苹果创始人乔布斯曾在一次记者发布会上说，如果发明汽车之前找消费者调研，他们根本不知道汽车为何物，怎么能说出需求？当时 iPad 没有发布，媒体和客户希望苹果推出廉价的上网本，被乔布斯否决了，大家都难以理解，直到 iPad 大获成功，众人才明白，乔布斯对互联网的理解远超过普罗大众。宁萌认可这个观点："客户往往说，我们的建筑要成为标志性建筑，内部设计也要成为标杆，非常笼统。"

叶归开拓出了一片全新的互联网天地，创造了全新的需求，对此深有同感："对看得见摸得着的产品，客户对需求比较明确，对于那些无形的方案和服务，常常说不清楚。"

宁麒麟明白了其中的关键："对，播下客户需求的种子，这就是痛点。"

Linda 取出第二张卡片，详细讲述销售漏斗第二个阶段的关键动作。

漏斗阶段	发现机会
销售步骤	激发需求

- 客户需求包括五个层面：目标和愿望、问题和挑战、解决方案、产品和服务、购买标准。其中，产品和服务是表面需求，客户遇到的问题是潜在需求，或者叫作需求背后的需求。
- 客户遇到的燃眉之急被称作痛点，是需求的核心，帮助客户解决问题是雪中送炭，推销产品是锦上添花。对客户经营目标和战略进行分析，既可以帮助我们理解客户的业务和行业背景，也是寻找并激发痛点的前提。痛点是妨碍客户达成目标的障碍，是关键的症结，而非其影响或者表现，痛点之间应该相互独立，互不相关。
- 只有意识到问题的严重性，客户才会进行采购，必须充分挖掘痛点带来的影响，可以从战略、流程、部门之间和个人四个方面寻找痛点的影响。
- 使用"轻则""如果""万一"进行提问，让客户意识到问题的严重性。
- 1988年，美国销售专家尼尔·雷克汉姆在《SPIN Selling》一书中提出SPIN理论，标志着从推销向顾问式销售的转变，各大公司纷纷采用这种方法训练销售团队。SPIN通过四个步骤进行提问：现状提问（Situational Questions），通过询问症状，让客户意识到问题的存在；痛点提问（Problem Questions），帮助客户找到痛点；影响提问（Impact Questions）（原为Implication Questions，暗示提问）；获益提问（Need-Payoff Questions），询问解决问题之后的获益之处。
- 销售团队应该梳理出产品和方案能够帮助客户解决什么问题，然后才可以根据客户实际情况，灵活应变。
- 帮助客户意识到问题的严重性，发起者提出采购申请的时候，销售将进入下一个阶段。

"再请莉莉来。"Linda习惯了吩咐宁麒麟，一向嚣张的他竟然在Linda面前服服帖帖。

"干吗啊？我天天跑工地，好不容易回趟公司，还要填报表，忙死了，这么一会儿把我叫进来两次。"黑莉莉装模作样抹着汗水坐在宁萌对面说，"我听您话，都学会和工人兄弟们抽烟了，该教我对付富二代了吧？"她是 00 后，毫无忌讳地当着这么多人聊情感。

送烟是宁麒麟的主意，宁萌是反对的，黑莉莉拿了烟就跑，说是福利，追也追不回来。Linda 走到她身边说："一棵树上吊死？"黑莉莉精明古怪，正要装腔作势，Linda 把车钥匙扔在她面前说："借你开几天，带你见见世面，保证你三天就忘了那个富二代。"

Linda 套路完全不同，黑莉莉也不简单："我们是有真感情的。"

"哦，那稍晚点我教你撬墙脚的办法。"Linda 把大长腿搭在黑莉莉面前，宁萌以为她在开玩笑，叶归却知道，销售漏斗中的第三阶段和第四阶段就是撬墙脚，Linda 现在还顾不上。

"为啥现在不教？"黑莉莉也不相信。

"知道销售漏斗吗？"Linda 问道。

宁萌差点儿笑喷，黑莉莉点头："听说了，你们正在推行销售漏斗，这和我男朋友有啥关系？"

"别以为这是销售方法论，用在恋爱上也很厉害，你先拿第二步练手，再教你第三步和第四步。"Linda 气场非常强大，黑莉莉心里仍然不信。"销售漏斗的原理是什么？"Linda 边问边取出指甲油，自顾自涂着，正眼不看黑莉莉。

"吃着碗里的，看着盆里的，惦记着锅里的。"黑莉莉对这句话印象很深。

"碗里的富二代没了,盆里还有吗?"Linda对着空气,让黑莉莉看自己的指甲。

"没了。"黑莉莉握着车钥匙激动,这是她做梦都开不上的豪车,钻到车里拍照发出来,能涨不少粉丝。

"多少粉丝?"Linda听说她有三十万,刮目相看,"我找个视频团队,有灯光有剧本,别发搔首弄姿的,优质客户会跑掉,就拍成功装修案例,有场景有故事,恶搞也行,点了关注的就是漏斗第一层。"

"这是让我做装修生意?还是找男朋友?"黑莉莉警觉了。

"问得好,要对痛点分类管理,这是漏斗的第二层,发现机会也叫'播种'。"Linda把黑莉莉绕回来:"男生找女朋友有什么痛点?这是动机,如果搞不清楚,还要被甩。"

叶归三人大吃一惊,Linda竟把销售漏斗和谈恋爱糅合在一起,倒也合情合理。"有的男生精神空虚,梦想着那些乱七八糟的事儿,发泄荷尔蒙,这是第一种痛点;结婚生子是第二种痛点;还有人要找个好女孩儿,慢慢相处,共同成长和奋斗,这是第三种痛点;还有人日子艰难,希望通过婚姻出人头地,也是一种。如果不能识别痛点,播错种子,在盐碱地种大豆,浪费了时间又伤身。"Linda这番话颠覆了宁萌的三观,黑莉莉点头,Linda将痛点影响表投影出来讲:"就拿这酒店来说,他们大堂设计、客房、餐厅有什么痛点?哪些问题要解决?先拿工程练手,明天视频团队来了,就在你粉丝里'种草'。"

Linda言语间搞得黑莉莉团团转,把销售流程这样玩,也是没谁了。宁萌低声问道："Linda 这一套都是你教的？"

"这是劈腿，哪是销售漏斗啊？"叶归对 Linda 很无奈。

"这是'女海王'的套路啊。"宁麒麟嚷嚷起来。

"活学活用才是真学习，道理都是相通的。"Linda 难得向宁麒麟做了解释，转身朝黑莉莉就故态复萌说道，"稍晚教你时间管理，重要紧急，重要不紧急，紧急不重要那些。"Linda 又向宁麒麟说道："你不许学。"

宁萌慨然长叹："太毁三观了，叶归咱们去机场。"

Linda 还在身后讲着："种瓜得瓜，种豆得豆，找不准痛点啥都不是。"

黑莉莉难得听进去了："真是，我那富二代男友就是第一种痛点，发泄荷尔蒙。"

（4）发芽

叶归和宁萌上了飞机，宁萌翻出卡片说道："'播种'之后是发芽，具体是什么方法和步骤？"

"确定购买预算和时间，采购就算发芽了。"叶归递来一杯饮料。

这是一个难题，宁萌回答："得找到拍板的。"

"决策者决定购买时间和预算，他们关心投资回报率，这就是价值，是发芽的关键。"叶归打开电脑找出一份文件："这个表格叫作价值建议书，计算投资回报率价值，促成决策者下决心。"叶归打开黑莉莉的报表说道："比如万科地产的精装修项目,如果承诺可以帮助楼盘大大提升档次,大大缩短施工后期,大大减少物业的服务成本,'大大的'是多少?这一期三百套,每套装修预计五万元,客户要实打实付给装修公司一千五百万,得到的价值是模糊的。"叶归看着销售报表,越发觉得这个市场广阔,大有可为。

"楼盘还没销售,从哪里得到这些数字?"宁萌问道。

"柠檬设计在北京做了十几个楼盘的装修,其中肯定有成功客户,应该提取出这些数字,这就是价值建议书的模板,当作房地产行业的解决方案的标杆。"叶归电脑中的资料很丰富,他偏爱数字,做了梳理,"比如这个楼盘是你们设计的,平均每平方米价格比旁边的楼盘贵了三千元左右,一套多卖三十万,三百套就是九千万的额外收入,这就是明确和量化的价值。"

如果销售团队掌握这套打法,将威力无穷,难怪叶归说表格不是关键,销售方法才重要。宁萌说道:"有了这些工具表格,连我这样从来没做过销售的人都知道该怎么打了。"

叶归不想让她做销售:"知易行难,我们在上海和深圳多待几天,用这些表格来检查每条商机。"

漏斗阶段	确认机会
销售步骤	促成立项
<ul><li>发起者提出采购申请,唯有决策者才能做出采购决定,客户并不一定采购性价比好的产品,应该在这个阶段证明投资回报率,促成立项。</li><li>拜访决策者前必须对客户存在的问题进行全面充足的调研,这是成功拜访的前提。</li></ul>	

续表

漏斗阶段	确认机会
销售步骤	促成立项

- 在开场白中，陈述客户现状以及客户内外的变化，指出潜在的风险和挑战。征得决策者同意后，汇报调研中存在的三至五个问题、挑战以及影响，打动决策者后，争取更多的沟通时间。
- 陈述解决方案带来的量化的价值，这些数据可能来自成功案例或者客户的推断，还应该包含实施计划和预算，以备决策者询问。
- 决策者时间有限，常被会议或者下属来访中断，应该事先准备好价值建议书作为备用方案。
- 价值建议书应该在寒暄之后提交，便于决策者边看听取汇报，包含客户现状、问题与挑战、量化的价值、实施计划和投资等内容，通常控制在一页之内。

飞机轰鸣直向天际，宁萌看完表格侧头要睡，叶归取出眼罩，放平座椅，腰下垫好靠枕，盖好毛毯。宁萌有些失望："好怀念经济舱，可以放下扶手。"从云南返回北京的航班上，她靠在叶归肩膀睡了香甜的一觉，叶归轻轻拍着她的胳膊，宁萌沉沉睡去。

客户成就		
风险和机遇		
价值回报	痛点	价值
投入	产品和方案	预算
ROI		

第四章 客户拓展 143

（5）锄草

宁萌在上海和广州的两周时间，与每位销售都进行了一对一的沟通，不断练习辅导技巧，渐渐吃透了几张辅导表格，又参加了销售例会，不用表格就能指挥作战。

"这个订单处在第三个阶段，确认商机？"

"前面工作做扎实了吗？把客户关系发展表、痛点影响表画出来，价值建议书做好了吗？"

"马上就要招投标了，谁在写标书？"这是销售方法论的第五张表格中的内容。

"翻到客户关系发展表，和这位设计者关系怎么样？只是认识阶段？"

"先把关系搞好，我们的优胜指标是什么？写进去了吗？"

"我们对手是谁？缺陷是什么？"

宁萌越来越熟练，和华东、华南的每位销售都单聊了一两个小时，晚上团建喝酒，体力和精力消耗殆尽，回到酒店和爷爷视频，看着他欣慰的笑容，宁萌更拼了。叶归初时陪在她身边，随时出主意，后来强行带着宁萌吃饭，催促她晚上早些休息。

时间转眼就过，宁萌的行程全部结束，叶归计划在酒店好好休息，宁萌很珍惜结伴旅行的时光，傍晚来到珠江边的"小蛮腰"下，喝着白啤酒。宁萌打开记事本一一询问了遇到的问题，这些工具看起来简单，却蕴含着丰富的销售方法，平凡之中有神奇，她常有这样的感觉。

"销售流程的下个阶段是明确需求，将采购要求明确和量化,这是购买标准。比如买车要考虑排量、品牌、空间、安全性、舒适度、外观等,空间分成轴距、前排空间、后排空间以及后备箱空间,这都是购买标准,我们可能在某一项有优势,在其他方面却处于劣势。"叶归举着啤酒说道。

明确需求四个字包含太多的内容,宁萌问道:"我们应该做什么?"

叶归打开表格将行为要点都罗列进来:"使用竞争矩阵,引导购买标准。"

"竞争矩阵?"宁萌听见一个新的概念。

"购买标准用于客户货比三家。"叶归笑着开玩笑,"恋爱也有购买标准,性格、人品、潜力、经济条件、身高相貌、家庭、兴趣爱好、年龄,都是购买标准,条件好的叫作高富帅,条件不好的叫作……"叶归继续讲道,"传统的竞争分析工具是SWOT分析,不适合销售场景,竞争矩阵更好些。"SWOT分析是常用的战略工具,Strength是优势,Weakness是劣势,Opportunity是市场机会,Threat是威胁。客户的购买标准还有重要性指标,和优劣势一起构成了竞争矩阵。

"你是高富帅还是那啥?"宁萌感情的阀门已经打开,不由自主。

"又打岔。"叶归继续讲解着,"就像打仗,将敌人引进预先埋伏好的圈套,不要掉进敌人的陷阱。"

"怎样引导?"宁萌好奇地问着,我要引导他的恋爱标准吗?

第四章 客户拓展 145

"建造巩固堡垒，保护我们的优势，为对手埋下地雷。"叶归打开了表格详细介绍。

漏斗阶段	明确需求
销售步骤	引导指标

- 客户货比三家才能得到最佳方案，购买标准是客户明确、量化的，可用于评估比较的价值标准。
- 对购买标准的重要性排序，再了解主要竞争对手的表现，将指标的重要性和竞争性分别作为横轴和纵轴，就形成了竞争矩阵。
- 将购买标准分成三大类：优胜指标，客户认为重要并且我们处于优势的指标；致命指标，客户认为重要，我们处于劣势的指标；沉睡指标，我们处于优势，客户却认为不重要的指标。
- 每个销售机会的竞争对手都不一样，客户有不同指标的重要性排序，每次销售都有不同的竞争矩阵，必须与客户充分沟通才能精确描绘出来。
- 对于优胜指标，应该加以强调和保护，避免竞争对手攻击，还应该细化、量化和硬化，便于比较。
- 找出致命指标进行改善，尤其是可以根据客户需求定制的产品和服务。可以通过软化致命指标，使其难以比较和衡量，或者对致命指标进行细分，找出其中的优势与竞争对手进行比较。
- 对于沉睡指标，帮助客户发现这些指标带来的问题和影响，再用 SPIN 销售技巧激发其重要性，也可以使用第三方案例，证明这些指标的重要性。

宁萌的兴趣点已经转移，收起表格看着叶归说："你刚才谈到购买标准，把性格放在第一位，相貌身高、家庭、兴趣爱好和年龄放在最后？"宁萌相貌身高无可挑剔，家世也不错，和叶归在登山这个兴趣中相识，年纪相当。叶归把这些指标放在后面，宁萌很不满："相貌、家世、志同道合、年轻不重要吗？"

叶归没想到自己随口一句话被这样解读，他故作认真地讲道："相貌会随着年纪而衰老，兴趣和志同道合固然重要，但是在一起之后每天都是柴米油盐，有了孩子更是屁滚尿流。"

"家世呢？"叶归把宁萌的优点全部抹除，她很不甘心。

叶归有些紧张地说："说说姑父，古代没有儿子才入赘，你们家有你爸爸还有二叔，二叔有宁麒麟，为什么非要姑父入赘。"

"我又没有要你入赘！"宁萌无意间表白，脸上羞红，故作生气，"哼，我在你眼里一无是处。"

叶归故作严肃地讲："你年轻又好看、家世好、兴趣广泛，和你在一起每一天都很开心。"

宁萌抱着肩膀有些生气道："那又怎么样，这些根本不重要。"

叶归放慢节奏，喝了口啤酒说道："你了解自己吗？"

"我家世不好？不年轻？不好看？"宁萌故意找茬儿。

"我滑下雪山的时候，你双手拉着我，四目相对，我惊魂未定，看着你的目光就勇敢起来。"叶归对那个时刻难以忘怀，"你返回家族企业，我以为你会从底层做起，但你毅然接任销售副总裁，勇敢面对困境。"

"勇敢是什么优点？好像女汉子一样。"宁萌真的没觉得这是优点。

"年轻漂亮家境好的女孩子满地都是，"叶归很看重内心，"但你有一颗勇敢的心。"

"又在吹'彩虹屁'。"宁萌被绕弯拍马屁，心里很甜，"勇敢有什么用？"

"这不是让我拍马屁吗？"叶归笑呵呵地说道，"勇敢来自内心的纯洁和自信，勇于尝试时不时给人惊喜。我们登顶的时候，只让带一块补充热量的巧克力，你却偷偷带了一只烧鸡，登山队都看傻了，在五千多米的雪山顶上吃到烧鸡，大家都乐疯了。"

宁萌沉浸在甜蜜的往事中，笑弯了眼睛，她的销售技巧实在一般，她本想引出叶归的购买标准，结果被叶归洗了脑。但叶归没有点醒这一点又说道："我回来之后好像发现了一座新的城市，犄角旮旯里藏着那么多宝藏，好吃的饭馆、安静适合聊天的酒吧，你为我打开一扇扇窗户，让我看到新世界。"

"你吃胖了。"宁萌拍拍他的小肚腩，他有了幸福肚。

两人心灵碰撞，近乎表白，沉默下来望着"小蛮腰"。叶归心里埋藏着想法，缓缓说道："设计公司风格差不多，北欧、中式、美式，没有差异化，最终就会拼价格。"

"你说，产品同质化，那客户需求有差异吗？"宁萌反问叶归。

"客户要货比三家，如果看不出产品差异化，最终还是价格战。"叶归说出了想法，"有没有可能推出全新的智慧家居解决方案，和同行区别出来。"

"感应开灯，自动窗帘，智能音箱和摄像头？"宁萌对叶归的公司知道一些，"产品成熟吗？客户能接受吗？"

"越来越成熟了，可以提供两种方案，如果客户不接受，仍然推荐传统方案。"叶归经过深思熟虑后回答道。

"我们没有这样的技术。"宁萌本想放下工作，享受珠江边的夜晚，没想到现在又谈回工作。

"我有。"叶归说到关键，宁萌谨慎起来，叶归的公司实力百倍于柠檬设计，他要收购我们？叶归笑着说，"独立运营，在产品层面合作。"

"让我想想。"宁萌不能决断，事关战略，肯定要和二叔他们商量。

半夜时分，两人依依不舍地返回酒店，这段旅程让他们仿佛回到在云南初识的美好时光，只是没有足够的时间享受美食和逛街，第二天恋恋不舍前往机场。"要不要到我家看看？免得说我扮猪吃老虎。"叶归谨慎提议。叶归在柠檬设计帮忙，还多次去过家里，虽然介绍了Linda认识，但宁萌对他的了解远远不够，这次受邀去他家里，体验智慧家居，其实算是关系再进一步，宁萌答应了下来。

（6）埋地雷

"欢迎到来！"一个智能语音说道，宁萌目眩神迷，这是叶归的家？什刹海旁的四合院，外表低调，里面别有洞天。"为您打开了空调和加湿器，温度27度，湿度百分之六十。"智能语音又说道。当宁萌走进客厅，灯光洒落，她进入厨房，智能语音提醒道："今天我下单买回水果，您想尝尝吗？"

"蓝莓。"宁萌说完，机器人闪着蓝光，从冰箱里取出送到身边。"您不是主人？"智能语音忽然问道。宁萌回答："不是！"

"您为什么有主人的全部信息？"智能语音惟妙惟肖，门窗齐落,报警声音大响。

"解除报警。"叶归扫了门禁,向智能语音说道:"这是我朋友,小柠檬。"

"好的,警报解除,主人,客人叫什么名字?需要我储存在记忆中吗?"机器人问道。

"好的,小柠檬。"叶归答应,这意味着把钥匙交给宁萌,成为女主人。

机器人很有礼貌地问宁萌:"欢迎女主人,请问您的名字,请录入面部识别信息。"

宁萌被叫作女主人,有些脸红心跳,又不能和机器人发火:"我叫宁萌。"

"女主人也叫柠檬?和我重名了!"机器人语气能够变化,不满地向叶归抗议。

"什么?机器人叫小柠檬!"宁萌有些困惑,叶归为智能语音取了我的昵称?他扮猪吃老虎,还把智能语音机器人当作我,简直是天大侮辱,"你每天使唤我,小柠檬倒水,小柠檬上菜,我成了机器人?"

"胡思乱想什么。"叶归揪住宁萌带到二楼,在一个房间门口说:"你住这个房间,体验智慧家居,明天尝尝机器人早餐。"叶归关上门说道:"放心,卧室和卫生间都没有摄像头。"

在你家过夜?宁萌从来没有这样的经历,但这里看起来很安全。叶归隔着门板说道:"你要不放心,可以把门反锁上,怕什么,扮猪吃老虎吃了你吗?"

宁萌享受着高科技,去卫生间洗澡,披着浴袍钻进被窝。她连续出差两周,身心俱疲,温度和湿度正好,很快进入梦乡。第二天悠然醒来,试探着喊道:"小柠檬,小柠檬。"智能语音没有回答,这是什么高科技?她用手机向叶归问道:"小柠檬去哪儿了?"

叶归被问愣了:"你问我你自己去哪儿了?"

宁萌有些恼怒叶归乱起名字:"智能语音机器人。"

"改名了,现在叫漏斗!"叶归昨晚改了名,宁萌是女主人,的确不能和机器人重名。

"漏斗,打开窗帘。"落地窗帘拉开,阳光洒落。

"漏斗,放首音乐。"华丽的乐曲响起,宁萌发现,淋浴间也有音箱,这家伙还挺会享受。

"漏斗,打开淋浴。"四面八方的水流喷射,将宁萌全身包裹。

"漏斗,沐浴露。"宁萌好像变成了在自动洗车流水线的汽车,被白色的泡沫包裹。

"漏斗,烘干。"温暖舒适的气流轻抚她的身体。

宁萌结束了卫生间的享受,精神焕发地走出了卧室。

叶归坐在餐桌边对她说:"品尝一下智能机器人早餐。"机器人端来丰盛的食物。宁萌好奇地看着盘子,吃惊道:"还标了卡路里!减肥人士福音啊,漏斗,你辛苦了。"

"看看身体数据。"叶归按了一下,餐桌旁的屏幕显示出了宁萌身体的各种指标。

"怎么知道我身体数据?"宁萌脸色绯红,他偷偷溜进去抱我量了体重?

"地板嵌入体重仪,如果你是光脚,还有体脂含量。"叶归忽然注意到,"哎,你怎么脸红了?"

"没什么。"宁萌赶忙低头吃早餐。

经过一天一夜的体验,宁萌认可了智慧家居,她没聊合作细节,以叶归的实力不需要占柠檬设计的便宜,细节将由Linda对接。柠檬设计将用全新的概念,创造出差异化。叶归喔饮咖啡,并不着急,慢慢讲道:"客户分成四类:第一类是尝鲜者,充满好奇,勇于尝试新事物,大概占5%;第二类是跟随者,喜欢新事物,但比较谨慎,周围有人使用时才去尝试,愿意为创新买单;第三类是保守者,一成不变,只有大势所趋,他们才会跟进;第四类是老顽固,死守自己那一套,以维护传统、传承经典为理由,抗拒改变。"叶归不打算把智慧家居和办公设计方案全面普及:"我们先挑第一类客户尝试。"

宁萌忽然感到不安,叶归是一个成功的商人,他在柠檬设计没有商业目的吗?他的感情真的单纯吗?

两家公司的合作谈得很顺利,Linda给出了很好的账期,柠檬设计把智慧家居产品深度结合到设计和装修方案中,不需要支付定金,收到客户款项,再支付给Linda。在这段时间,货款可以作为周转资金暂时缓解柠檬设计现金流的困局。但这些还只是美好的设想,合作还停留在书面上,Linda还将承担市场费用,与柠檬设计共同举办智慧家庭的发布会。Linda亲自邀请了万科、绿城、保利、招商等开发商代表参加,宁萌看到名单不禁咋舌，这么大的手笔和阵容，是柠檬设计不能想象的。叶归放手让 Linda 操作，发布会都没有参加，留在宁萌身边，讲述销售流程的下一步。

"'埋地雷'和'锄草'有什么区别？"宁萌问道。

"有很大不同。"叶归指着销售流程的两个阶段说，"明确需求阶段在招投标前，引导购买标准，这像打仗时选择战场，现在是开战后要真刀真枪和对手打了。"叶归讲述了两个阶段的不同，说道："在提交方案的时候不断介绍优势和益处，是错误的做法。"

宁萌不明白："不该介绍优势和益处吗？"

"客户在货比三家的时候，不仅评估优点，也要评估缺点，缺点重要还是优点重要？"叶归又举了一个生活的例子，"两位恋人互相隐藏缺点，婚后发现真相，生米煮成熟饭已经晚了。"叶归似乎若有所指，看一眼宁萌讲道，"我有一个悲催的朋友，嫁给了一个样样都满意的男生，结婚后发现他没有生育能力，你说怎么办？"

"你这悲催的朋友我认识吗？"宁萌机警极了。

叶归再次哈哈大笑，这就是和宁萌聊天的乐趣："你认识！"

"Linda 这么可怜？"宁萌捂住嘴巴，她的遭遇也太奇葩了，"取消强制的婚前体检好像也不太妥当。"

"婚前体检就是检查双方有没有问题的，非常重要。"叶归认可。

"别人表现优点，隐藏缺点，你连优点都瞒着，扮猪吃老虎！"宁萌情不自禁。

"什么？"叶归莫名其妙，这是什么神逻辑？

"姑父不知道 Linda 的背后是你，以为你是一个穷小子，贪图我家财产。"宁萌很介意这件事儿，"白手起家的青年大佬来到我们这家一年五六个亿的小公司，你到底图什么？"

叶归的计划瞒着所有人，现在不是说破的时机。"图你。"宁萌忽然被表白，心里翻江倒海，叶归打断了她的走神，"缺点更重要，你网上购物的时候看好评还是看差评？"宁萌的购物车里有不少东西，经常看商品评论，好评千篇一律，差评各有不同。

叶归说道："在这个阶段应该提供选择，很多销售都是强迫症，只推荐一种采购方案给客户，其实我们应该推荐三种方案，帮助客户分析利弊，顺便屏蔽对手，这就是'埋地雷'。"

宁萌拿出对应的检查表，仔细看了起来。

漏斗阶段	方案报价
销售步骤	屏蔽对手

- 在这个阶段，客户的评估者对潜在的供应商和产品进行评估比较。
- 在介绍产品和方案之前，应该帮助客户意识到竞争对手产品的缺陷，避免损失，为客户创造价值。
- 屏蔽对手时有两种常用的方法：一种是恐怖故事，通过真实案例让客户明白竞争对手的缺陷和危害，提醒客户在采购中的注意事项，恐怖故事应该真实可信，不能编造和虚构；另一种是针对客户的问题和挑战，列出三种解决方案，上策是理想方案，中策通常是自己方案，下策是竞争对手方案，常用于正式的方案说明和建议书中。

续表

漏斗阶段	方案报价
销售步骤	屏蔽对手

- 在这个过程中,不要指名道姓地直接攻击对手。
- FAB 是推销时常用的技巧,其中 Features 是产品的特点,Advantages 是与竞争对手相比的优势,Benefits 是给客户带来的好处,将特色和优势讲明白,对客户货比三家十分重要。在介绍产品 FAB 前,应该全面、清晰地了解客户需求,还要成功屏蔽竞争对手。

宁萌抬起头来问:"方法论的工具模板在哪?"

这个模板十分复杂,不仅要懂得产品和客户的购买标准,最难的是掌握竞争对手的参数:"我们需要做个工作坊才能梳理出来。"

这时,王勤旺推门进来,紧张的气氛扑面而来,一摞销售报表和费用文件被扔在了面前。"叶归,给我画大饼?"他指着桌面的报表,"八个亿的商机!厉害了,八成的商机都在明年,什么时候签合同,什么时候回款?装修项目要垫资,地板、灯具、软装、防水材料,再看看销售费用,都快撑破天了,资金缺口怎么解决?"

柠檬设计是个烂摊子,最大的困难在于现金流,王勤旺计划休养生息,和平发展。宁萌却全面开战,粮草弹药使劲儿填,财务捉襟见肘,宁萌看看销售报表再看看财务报表说道:"姑父,再给我半年时间。"

"时间?你二叔马上就要卖掉公司,你爸爸的心血就要保不

第四章 客户拓展

住了。"姑父急得直跺脚。

（7）收获

王勤旺扔下报表就走。宁萌发愁，不开战等死，开战没有资金，左右为难。叶归安慰宁萌："有我在，没什么大不了的，钱能解决的就不算事儿，排除干扰，继续打下去。"

"是不是可以贷款渡过难关？"宁萌被王勤旺的突然出现，扰乱了心情。

"我想办法。"叶归不忍心让宁萌发愁，柠檬设计拆东墙补西墙，能贷的款估计都贷了，"'拔草'之后就是收获的季节了。"

"客户该做采购决定了。"宁萌参与过几次招投标，略微了解，"政府采购越来越公开和透明，招投标也是公开、公平竞争。"

"领导对于重大关键项目负有重大责任，怎能不过问？一定会选择性价比最高的方案。"在决定项目命运的阶段，叶归不敢放松。

"这个阶段不能松懈。"宁萌赞同。

叶归继续解释销售理论："采购有风险，决策需谨慎，在购买决定之前，客户会审视采购中的风险，我们要设法化解，补充到合同中，比如到货期、服务和产品质量，还有违约罚款的措施，应该使用这个检查表来对照。"

漏斗阶段	客户承诺
销售步骤	缓解顾虑

- 在购买承诺阶段,如果客户意识到风险,便会犹豫不决;如果竞争对手打消了客户的顾虑,便有可能抢走生意。
- 有时,客户不一定选择性价比最高或者投资回报率最高的方案,而是选择风险最低的供应商。
- 采购风险是客户产生顾虑的原因,包括个人风险、"政治"风险和机构风险。个人风险是指采购对客户个人带来负面的影响,比如加班和工作岗位的丧失;"政治"风险是部门间的负面影响,例如其他部门的反对和不配合,甚至抱怨和攻击;机构风险是指对客户流程和战略的影响。
- 应该根据以往经验,预计出客户潜在的风险和顾虑,通过预防方案,降低风险发生的概率,再通过补救方案来处理风险发生时的应对和处理计划。通过预防方案和补救方案,通常可以成功缓解客户顾虑,促成交易,并为客户创造价值。
- 预防方案和补救方案,往往最终变成合同,自然而然地进入成交阶段。

宁萌心绪已乱,急于解决实际问题:"叶归,我不想纸上谈兵了,我们要赶紧解决实际问题。"

"等一下。"叶归拿着手机走出来,拨通 Linda 电话:"向柠檬设计注资。"

"叶归,疯了吧,你把人搭进去了,还要把钱搭进去?柠檬设计是纸糊的破船。"Linda 这段时间帮助宁麒麟,搞清楚了柠檬设计的底细,"你太久没谈恋爱了?脑子生锈了吧?你不能拿公司的资金讨好女朋友。"

"通过投资公司接触二叔,他如果一定要卖,我们就接过来。"叶归不想多说,挂了电话。

(8) 蜜月期

"资金问题应该可以解决,等消息吧。"叶归回到宁萌办公室,继续梳理销售流程,"签订合同并非销售流程的结束。"收款才意味着销售流程的结束。

如果客户不满意,就会立即停止支付账款,柠檬设计通常收取百分之三十左右的预付款,尾款有时拖延一年以上,严重影响企业现金流。宁萌同意:"应收账款和客户满意度息息相关,满意了痛快付钱,才能解决应收账款问题。"

"是不是产品好、服务好,客户就会满意?"叶归问宁萌。

"当然。"宁萌回答得斩钉截铁。

"古代有一人对老婆极好,在外面辛苦工作,养家糊口,回家做家务,结果很惨。我忘记说了,他的工作是卖炊饼。"叶归喜欢举例子,而非将答案双手奉上,人总相信自己琢磨出来的道理。

"武大郎自己条件不好,潘金莲才不满意。"宁萌笑起来。

"是武大郎质量太差,还是潘金莲期望值过高?"叶归说出了答案,"产品质量不是全部,客户期望值也影响满意度。"

宁萌明白了关键:"我懂了,签订合同不是结束,还要管理客户期望值。"

"期望值越高满意度越低,期望值越低满意度越高,胡乱承诺会导致满意度下降。"叶归讲述道,销售流程中隐藏的方法不仅可以用于销售，与人打交道都可以用得上。

"扮猪吃老虎就是管理期望值，我懂。"宁萌渐渐看清叶归的实力。

"谁是老虎？在哪？"叶归故意东张西望寻找老虎，"蜜月期是管理期望值的最佳时期。"

"那你说说。"宁萌听到了蜜月两个字，兴趣十足。

"新郎新娘在浪漫的海岛沙滩放下烦恼，开心地在一起度蜜月，可是蜜月转眼就过，会不会和婚后的正常生活形成落差？"叶归好像看见了自己和宁萌度蜜月的场景。

"那不度蜜月了吗？"宁萌有些困惑，她对蜜月有很高的憧憬。

"要调整好期望值。"叶归想起了王勤旺，"姑父和小姑有没有度蜜月？我猜啊，他的家庭地位就是在度蜜月的时候种下的。"

"你是说，姑父在度蜜月的时候就洗衣、做饭、干家务了？"宁萌那时年幼，更不知道度蜜月的经过，"哦，我懂了，你的意思是说，度蜜月的时候你坚决不干家务？"

"这是怎么说的？度蜜月住在酒店里，哪里有家务做？"叶归故意否认。

"衣服再脏也不洗，熬着，看谁受不了，谁洗了衣服就建立了相处模式，以后就要洗一辈子。肚子再饿，忍着，看谁受不了，谁去做了饭就一辈子做饭。"宁萌捂着嘴巴，"天呐，我肯定受不了衣服脏，再臭你都能忍受，登山的时候就这样。"

"蜜月的时候，哪儿都不去，衣服不会脏，躺在床上动也不动,也不饿。"叶归顺着宁萌的话说。

"这是蜜月吗?简直是熬鹰。"宁萌不要这样的蜜月。

"那你洗衣服,我做饭?"叶归说了一半,忽然意识到怎么商量起蜜月了?宁萌脸红了:"继续说蜜月期管理。"嘴里虽然这么说,心里却甜成了蜜。

漏斗阶段	验收
销售步骤	管理期望

- 蜜月期:从签订合同到产品到货使用之间的阶段,是管理期望值的最佳时机,应该协商到货、实施服务计划,避免可能出现的问题,降低客户期望值。
- 磨合期:任何产品和服务,尤其在到货安装实施过程中总会存在问题,应该秉持先处理心情,再处理事情的态度,积极协调沟通。
- 成功期:在大型项目中,验收是成功期的标志,通常会举行庆祝仪式,这是回收尾款的必要步骤。还应该通过成功的客户建立满意的桥头堡,建立转介绍流程,拓展新客户。
- 平淡期:销售团队持续不断发现新需求,提供新的概念,引导客户产生新的商机。

(9)收款

王勤旺的一通脾气,让叶归和宁萌都感受到了巨大的压力,要尽快结束流程的梳理走向实战,卡片还剩最后一个步骤,叶归快速讲下去:"如果利润率为百分之十,一笔账款无法回收,十笔订单都不能弥补。"

柠檬设计遇到的困难归根结底就是一个字:钱。宁萌深有体会:"一分钱难倒英雄汉,现金流就是企业的血液,每时每刻都离不开。"

"很多公司的销售流程中没有这个阶段。"叶归为柠檬设计进行了优化,"有人说,收款是财务的职责,不属于销售过程,这是大错特错。"

宁萌同意:"如果把收款都推给财务,收款失控,签了合同拿不到钱,等于自掘坟墓。"

叶归赞同:"还应该把收款作为绩效考核的一部分,考虑到平衡,大多数时候收款的权重可以放在主管那边,但是柠檬设计的回款压力这么大,销售团队也要扛上这个指标,还要和提成挂钩。"

漏斗阶段	100% 收款
销售步骤	回收账款

- 回收账款影响现金流,决定企业生死存亡,应该通过销售漏斗管理起来。
- 恶意欺诈、产品质量、到货和服务没有达到客户期望,都会导致客户拖欠账款。即便没有上述因素,客户也希望尽量晚付账款。
- 针对恶意欺诈,应加强信用审查,包括营业执照审查、采用公司标准合同,对于高危客户,应对其账户进行深入审查,或者要求对方先支付货款。
- 生产发货实施监控流程,本身就是催款流程,可以作为法律纠纷的依据,并用于考核生产制造、储运和服务团队,不断提高客户服务水平。
- 催款流程包括财务电话和传真催收、上门催收以及律师的催收。
- 应收账款管理不仅仅是销售团队的职责,财务、生产、服务等环节都影响收款,必须齐心协力,改善客户体验的每个环节,这样才能确保应收账款回收。

叶归终于将销售流程中的销售方法论和工具全部讲完，如果没有这些，销售流程只是花架子，用途有限。"客户不同，产品不同，对手不同，销售流程都不一样，不能照搬。"

宁萌在登山时对叶归建立了非同一般的信任感，把叶归当作主心骨，思路又回到了公司融资："二叔融资已经有了消息，要召开董事会了。"

"北斗七星高，哥舒夜带刀。"叶归念了一句唐诗，缓缓说道："公司等不及了，我们要被推上战场，就像哥舒翰。"安史之乱的时候，唐玄宗派遣哥舒翰领军守卫潼关，可是唐王朝没有认清战场局势，连续颁布旨意催促哥舒翰出兵与安禄山叛军决战，哥舒翰兵败被俘后被安禄山杀死，宁萌感到了悲凉。叶归站起身来笑着说："世界上本来就没有十分的把握，谁胜谁负，只能在商场上见分晓。"

"我们的团队还不成熟，就要匆匆上战场？"宁萌担心现金流影响了叶归的节奏。

"实战出真知，战场是最好的训练场。"叶归一般不会激进，因为这是以牺牲为代价。"公司等不起，爷爷的身体也等不及。"叶归握住宁萌的手安慰道："小宁萌，别担心，有我在，你不会是哥舒翰，也不是孙传庭。"

宁萌不知道孙传庭的典故，偷偷百度一下才知道，明末时，崇祯皇帝加封他为督师、兵部尚书，驻守潼关抵御李自成，后又督促他出关剿灭李自成，孙传庭在汝州之战中溃败，阵亡于潼关，享年五十一岁。《明史》感慨：传庭死而明亡矣。

（10）并购

叶归帮助宁萌梳理流程，为团队赋能，这些都是帮助宁萌加强造血能力，当他听说宁长晟正在卖出公司，就意识到，仅靠造血已经不能起死回生，只能大量输血。Linda 安排投资人与宁长晟接触，收购柠檬设计 17.5% 股权，为柠檬设计带来急需的现金流。

当 Linda 谈完融资，渐渐明白了叶归的布局，凭借这次投资她将担任柠檬设计的副董事长，变革的阻力将会减弱："智能家庭已经开始谈了，万科、保利、绿城都有很强的兴趣，我担心柠檬设计的施工能力。"

"量力而为，优中选优，打造精品标杆，不求数量。"叶归和 Linda 配合多年，相信她可以吃透自己的思路。

Linda 还有难处："柠檬设计的销售团队太小了，我打算扩张销售团队，在校园招聘管培生，集中魔鬼训练，灌输企业文化，薪酬成本更低，忠诚度更高。"除此之外还有一件事令她充满忧虑，"我担心姑父舍不得花钱。"

叶归慨然长叹："你直接管理这些管培生，不算柠檬设计的员工，费用从我们的智慧家庭专项资金出。"

"你布了这么大的局，我今天才明白。"Linda 跟了叶归好几年，常常猜不透他的做法："你悄悄潜伏在柠檬设计，抢智能家居的入口。"叶归嗅出建筑设计和装修行业的潜力，中国建筑市场领先全球，引各路英雄竞折腰，市场上挤满了中小企业，群雄割据,还没有诞生巨无霸,正是入手的好时机。叶归的公司推出了一系列的智能家居产品,由网关、手机 App、传感器和各种小产品构成,客户往往买了产品却用得不畅快,需要一套复杂的解决方案,一旦掌控柠檬设计,从建筑设计和装修入手,将解决方案整合进去,做到无缝体验,公司将进入一片蓝海。Linda 明白的时候,更加佩服叶归,他以梳理流程为名,悄悄训练队伍,为柠檬设计补充弹药,未来将雷霆一击、天崩地裂,一举成为这个万亿级市场的霸主。

同时,Linda 为宁萌叹息:"我还以为你是为了爱情。我们和柠檬设计的合作即将宣布,对手闻风而动,你没必要隐姓埋名了,该回来管管公司了。那时候宁萌怎么办?你动机太不单纯了。"

"销售体系建立好了,我痛痛快快帮她打完这一仗,兵就练出来了。"叶归不想多谈感情。

"你那时撒手离开,宁萌会很难过。"Linda 跟在她身后追问:"我越来越不明白,你在登山前就知道柠檬设计?故意和宁萌认识吗?"

"邂逅。"叶归登山期间遇到宁萌之后恍然大悟,抢占装修市场,从大房企入手,摆脱传统零售模式,把智能家居产品打包为解决方案,房产装修时就把智能家居集成进去,使用体验更佳。

宁萌从董事会出来,Linda 不想打扰,于是和叶归道别:"好自为之吧,她是一个单纯的好女孩儿。"

宁萌来到叶归身边。自从得到了叶归的投资，她越来越判断不清，叶归为什么帮助自己？仅仅是为了感情吗？或者像二叔和姑父猜测的那样，他要乘虚而入，收购爸爸创建的公司？

叶归却没有读懂宁萌的心思，只是说道："弹药充足，准备开战！"

宁萌学习笔记

变革管理

梳理销售流程是一场变革,既有制度和流程,包括表格和工具的建立,也有销售团队心态、销售方法和销售技能的提升。表格和工具只能暴露问题,心态和能力的改变才能提升业绩,必须两手抓,两手都要硬。

心态转变

梳理销售流程,应该召集相关部门,畅所欲言,把问题列出来,判断销售流程要解决什么问题,比如应收账款、销售线索不足,还是赢率太低?有针对性地设置激励,这样销售团队才会明白转变的原因和益处。实施销售漏斗还需要摸着石头过河,进行区域试点,积累经验,再广泛推广到公司。

销售方法的转变

传统的销售流程以产品为中心,新型的流程应该以客户为中心。客户采购阶段分成发现需求、立项、设计购买标准、评估比较、购买承诺、实施和使用六个阶段,加上前期建立信任和后期回收账款,构成了价值竞争销售方法论,这是销售漏斗的阶段划分依据。

"圈地"(客户拓展计划表)

在每个季度初,销售团队应该填写客户拓展表,依据 RAD 模型制定客户拓展计划,这张报表中还包括市场策略和计划以及所需的资源,这是确保销售漏斗饱满的重要工具。

"开荒"（客户信息表和客户关系发展表）

收集客户资料和建立信任关系是销售的基石，否则难以深入挖掘需求。客户关系可以分成认识、互动、私交和同盟四个阶段，应该找到客户的兴趣点，因人而异地推进关系发展。

"播种"（痛点影响表）

我们应该成为客户信赖的销售顾问，要避免推销产品，帮助客户发现问题并提供解决方案，这时应该通过现状提问、痛点提问、影响提问和获益提问来激发客户需求。

"发芽"（价值建议书）

决策者根据投资回报率决定采购时间和预算，他们经验丰富，见多识广，时间有限，不会听信厂家的一面之词，更愿意根据下属汇报做出判断。他们关心战略发展、业务流程、组织和人员发展、客户满意度以及市场竞争状态等宏观层面，而非产品和服务的细节，应该使用价值建议书，证明投资回报率。

"锄草"（购买标准表）

销售的本质是竞争，客户根据购买标准来比较潜在的供应商，我们应该使用竞争矩阵，通过沟通引导购买标准，使得战场对我们有利，如果没有做好引导工作，只能杀敌一千自伤八百，赢了订单输了利润。

"埋地雷"（竞争分析表）

这是采购分水岭，销售从引导期进入竞争期。让客户接受我们的方案有两种方法：一种是介绍自己方案的特点、优势和益处，就是常说的 FAB；另一种是指出竞争对手方案的缺点，帮助客户避免因此带来的危害。销售团队往往只熟悉自己的产品，却不懂竞争对手的缺陷和危害，所以无法取得最佳销售结果。在这个过程中，我们不要指名道姓地攻击竞争对手，而应该在客户内部建立桩角（内线），有人说我们好话，有人屏蔽对手，有人保护我们。

收获（缓解风险表）

采购有风险，客户很谨慎，他们常常反复讨论，寻找相关专家调研，表现出犹豫和顾虑。如果竞争对手打消客户顾虑，就可能抢走生意。购买风险是导致客户产生顾虑的原因，应该早做预案，抢先化解，完成临门一脚。我们制定预防计划，减少风险发生的概率，并准备补救方案，这常常会转变为合同条款。

深耕

签订合同不是销售的结束，而是新一轮销售的开始。签订合同之后的第一个阶段是蜜月期，应该与客户沟通，管理客户期望值；在磨合期及时处理问题，确保客户满意度；在成功期，以客户为堡垒进行转介绍销售；在平淡期，要发现客户的新需求，产生新的销售线索。

收款

天上十只鹅，不如嘴边一只鸭，全部回收账款才能为订单画上句号，应收账款直接影响现金流，一笔坏账往往需要十笔订单来弥补。导致应收账款没能及时到账的原因有三个：恶意欺诈，产品质量、到货和安装不满意，客户不愿意支付。针对这三种情况，应该建立信用审查、产品追踪和催款流程。

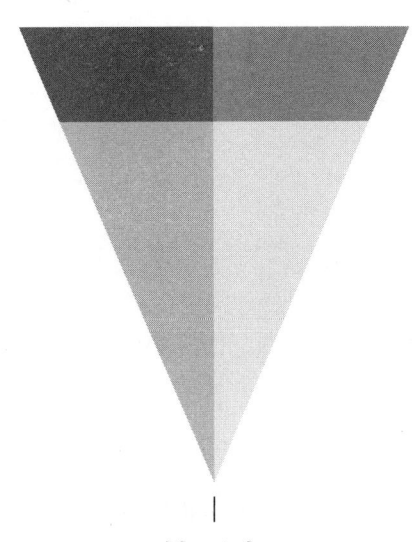

第五章
赋能

1. 简化技巧

　　宁萌开车沿着四环向西，拐进小巷子，低矮的平房中有家小饭馆，大片雪花零星飘落，食客仍然不减，这种地方只有老北京才知道。服务员认出了宁萌，将她引至二层临窗的拐角，木桌与落地窗相连，如同家里的工作台，两个高脚椅并排靠在一起。透过落地窗可以看见街道，雪花更急，行人仓皇，室内温暖如春，让叶归感受到淡淡的暖意。"尝尝梨汤，不加糖，用慢火细煨出来的。"宁萌刚坐下，红铜壶的梨汤就送到了，想必是她预订的。

　　叶归低头品尝，味浓却不甜腻，别有一种味道，如同宁萌，她从小在父母爱护中成长，没有浮华，孕育出了独有的香味，宁萌品尝着说道："这是从山东运来的冬梨。"

　　窗外风雪正急，梨汤滋味绵长，喧哗不再入耳，温暖的感觉浸润着他的心田，这是一种平淡。吃着简单可口的饭菜，聊着过去登山的经历,时间仿佛长了翅膀,飞快流逝,大雪渐停。人生就应该这样,无论在外面承受了多大的暴风骤雨,都要有一个温暖舒适的家,与所爱的人在一起。筋疲力尽后回到家里,可以融入宁静。叶归想起父母,他们将无限的关爱放在自己身上,如今年老体衰,自己是不是应该将他们接到身边?叶归忽然发觉,自己的想法都围绕一个字——家。宁萌有滋有味地品尝着梨汤,相处越久,吸引力渐渐增长,这是爱吗?又和失去的爱完全不同,他曾经认定那才是真爱。哪里出了问题?爱或许有两种,一种是刻骨铭心,一种是平淡和宁静。

叶归在"输血"之后,又将新总部大楼的设计和装饰工程交给了柠檬设计,这将是北京地区的最大的写字楼装修工程,柠檬设计又将得到一大笔预付款。叶归和宁萌公开宣布了恋情,宁长晟和王勤旺终于得知了叶归的身份。经过董事会改组,宁长晟因为经营不善和挪用公司资产,引咎辞职,宁萌担任董事长兼总经理。从此之后,宁萌清除了障碍,弹药充足。

"宁萌,开战吧。"他们出了饭馆,踩着厚厚的雪,思路回到工作上。智能家居的合作已经发布,自己的战略企图就要曝光,战火即将燃起,还不如早些突击。

宁萌沉浸在晚餐的惬意中,还不想回到工作。"我们投资的消息公布之后,我的老对手必然集中火力,我们要抢先'杀'出重围。"叶归要先下手为强:"我们要以战养战,我想做个培训。"

"你先说说。"宁萌并没有因为叶归的背景就仰望他。

"销售方法仍然是纸上谈兵。"销售方法只是思路,与客户面对面沟通才能见效,这就需要销售技巧,"传统的销售技巧围绕产品的 FAB,就是所谓的功能特点、益处和优势,都是以产品为中心,和我们新建立的流程相矛盾又不全面,不能覆盖全部销售流程。"

"那怎么办?"宁萌知道赋能的重要性,士兵上战场前必须学会开枪,球员比赛前必须学会投篮。

"新的流程截然不同,核心要围绕客户现状、痛点、影响、投资回报率、购买标准、竞争分析和客户购买风险。"叶归停下脚步,取出记事本快速画出一张销售技能的对比表格:

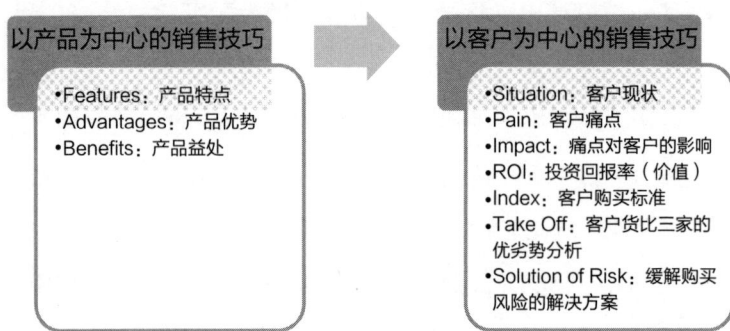

针对客户现状、痛点、影响、投资回报率、购买标准、优劣势分析和缓解风险,每次沟通的重点都不一样,这就产生了一系列的销售技巧,销售能力也是基于销售流程,而且更为复杂。叶归化繁为简,从手机中找出了一个新的表格说:"这是能力模型,他们需要具备四个核心销售技巧,第一个是倾听提问

技巧，第二个是顾问式销售技巧，第三个是面对竞争的技巧，第四个是拜访决策者。"销售流程有复杂的内涵，叶归像剥笋一样，从管理体系剥到销售方法，再谈到赋能。

阶段	名称	内容
1	倾听提问	在开场白中介绍拜访价值，打开客户谈话空间，使用开放、排除、因果、提示和总结提问，全面、清晰地挖掘客户信息。根据客户提问，寻找客户兴趣点，完成邀约
2	顾问式销售	通过现状提问，分析问题；使用痛点提问，帮助客户意识到关键症结点；使用影响提问，帮助客户意识到痛点的严重性和紧迫性；使用获益提问，确认痛点并协商下一步行动
3	面对竞争	询问购买标准和内涵、重要性和自己的表现，使用竞争矩阵找出优胜、致命和沉睡三类指标，针对优胜指标强化和硬化，唤醒沉睡指标，对致命指标降低优先顺序和淡化。向客户推荐三种方案，分析利弊，屏蔽对手
4	拜访决策者	简述客户发展成绩和内外挑战，罗列调研中发现的痛点，归纳至宏观层面，指出严重性。汇报解决方案带来的量化价值，通过价值建议书，向客户证明投资回报率。询问顾虑，发现购买风险，通过预防和补救方案，打消顾虑

"为什么没有谈判技巧？"宁萌发现缺失了一个技巧。

"柠檬设计的订单大都通过招投标完成，很少有谈判环节。还有销售演讲技巧，用在技术交流，对技术支持团队很重要，但不是每个销售人员都要掌握。"叶归去掉可要可不要的能力，将精力放在核心技能上。

"销售能力涉及行为改变和新习惯养成,最难掌握。"叶归曾为自己的团队规划了魔鬼训练,每期两周至三周,半年时间才能完成,训练期间封闭在酒店,每三人配备一个导师,严加考核,可是柠檬设计很难承担高昂的培训成本和训练时间。"知易行难,一般训练课程结束后,学员已经忘记一半了,能记住老师的样子就不错了,为了降低成本和时间,我后来采用混合式学习,线上线下结合。但是销售技巧绝非一朝一夕可以练成,大多数人只能窥得皮毛,成为绝顶高手只是极少数,这取决于天赋而非训练,但不进行赋能,就如同乌合之众上了战场,遇到厉害对手,会一哄而散。"叶归知道训练销售团队的难度,内心有些纠结。

"这个行业都是这样,我们的团队没那么窝囊。"宁萌反驳。

"我要一锤定音的闪击战,不要绞肉机打法。"叶归已经考虑很久,"我打算把销售技巧简化,就像程咬金的三板斧,用最快速的办法把队伍带起来。"

"讲讲。"宁萌在这方面毫无经验,很依赖叶归。

"简化销售技巧形成'程咬金三板斧',培训两天就上阵。"叶归征求宁萌意见。

"可以。"宁萌答应。她当初以为叶归是为了感情进入柠檬设计,但之后他推进智能家居的合作,又收购柠檬设计股份,让宁萌有了不安。她不想把心事儿压在心底,所以挑选了安静的酒吧,拉着叶归进来,点了他喜欢的鸡尾酒,问道:"叶归,我想知道,你为什么来帮我?"

"你总说我'扮猪吃老虎',其实是有原因的。"叶归苦笑,"如果我大张旗鼓出现在柠檬设计,对手一定猜到我要通过设计和装修公司,从源头掌控智能家居市场,这样就打草惊蛇了,他们也会杀进来。但柠檬设计就像一个久病缠身的病人,经不起折腾,很难竞争。"

叶归瞒天过海,从商业角度没有什么可以指责的,这不是宁萌关注的重点。"你和我们达成合作,从二叔手里收购股权,又帮我梳理流程,建立销售体系,恭喜你大获全胜。"宁萌淡淡说着。

"小宁萌,你很不开心。"叶归不想让她闷闷不乐。

"我算什么?你'逐鹿天下'的棋子吗?你的过河卒吗?"宁萌喝了啤酒,看着叶归。

"胡说!"叶归握着她冰冷的右手,两人同时心中一颤,这是他们第一次正式牵手,虽然他们在雪山上曾经戴着厚厚的手套扶持,但那不是情侣间的牵手。

"帮助柠檬设计,不是为了你的生意吗?"宁萌心里一直为此过不去。

"我在雪山上滑倒,你双手拉住我一起从悬崖上滚下,从那个时刻起我就认定你了。"叶归艰难地解释着,"我进入柠檬设计时没有想通智能家居的方案,没有看到设计和装修市场的前景,纯粹是因为你,我想陪着你,想每天都见到你,不想看到你为爷爷身体担心,也怕你出国,就怕再也见不到你。直到看见客户拓展计划,我才发现这个市场有多大,陪你去上海出差的时候才想到与柠檬设计合作,共同开拓智能家居市场,一切都是因为你,而不是生意。"

"怎么证明?"宁萌逼迫叶归表白,脸蛋红扑扑的,他在感情上很被动。

叶归被问愣了,挠挠头说道:"难住我了。"她要的证明是什么?叶归感觉到自己的心跳,靠近宁萌的脸庞,在她耳边说道:"我要证明了,准备好了吗?"宁萌勇敢地抬起头,叶归抬起她的脸庞,温柔又坚定地吻了下去。

宁萌脸色绯红,心怦怦乱跳,许久之后推开叶归:"哼,这就是你的表白吗?"

2. 重奖激励

智能机器人很失望地发现,主人没有回家。叶归和宁萌躲在怀柔的山区里,一心一意训练,只知山谷中的流水、落叶和夜晚的星空,北京城的喧闹和争斗从耳边消失,世界变慢了,也变得安静了。这是最好的培训时机,客户忙着过节,销售团队被拉进山里,没有网络、电视,不能吃喝玩乐,仿佛一夜之间回到互联网之前的时代。宁静的夜晚和新鲜的空气是最棒的催眠药,能量满格,身体满血。

销售团队上课前先预习了全部知识,课堂只是训练。叶归、宁萌和Linda担任考官,亲自考核。叶归西装革履地走到课堂中央,目光与每名学员碰撞,传递笑容,缓缓开场:"欢迎你们,大家可以叫我叶教练,训练的意义一会儿请宁老师来讲,先做个活动。来!站起来向左,拍着旁边同学肩膀。宁老师过来,我们做个示范,跟我一起说:上课不电话。"

"上课不电话。"一百个声音响起来。校园招聘已经告一段落,加上 Linda 派来的售前工程师,销售团队翻了一倍。

"如果电话响起来。"叶归拍着宁萌肩膀,用一种轻松的方式宣布课堂纪律,"我就把手机送给你。"

一百位学员笑起来。"向右转,学我。"叶归将肩膀让给宁萌,右手插在裤兜说:"上课不电话。"学员们开始关手机,"如果电话响起来。"宁萌拍着叶归肩膀学着说道,"我就把我送给你。"叶归偷偷拨出电话。一百个声音爆笑,"丁零丁零",笑声刚落,电话铃声猛然响起,学员们哄笑着东张西望:"谁的手机?哈哈,宁老师的。"

宁萌按断电话,这是叶归的号码。他开了一个玩笑,一百个声音大喊:"宁老师归叶教练随意处置。"

这是培训中常用的调动气氛的方法,叶归提醒大家注意纪律,抓起桌上的盒子:"课堂中禁止使用手机,禁止迟到,违者罚款一百元,宁老师,交钱。"

宁萌看着叶归皱着鼻头。洪大姐喊道:"宁老师随你处置,罚款是后面说的。"

众人跟着起哄:"对呀,宁老师交给叶教练处置。"

叶归心态有了急剧变化,不急不慌地看向宁萌。宁萌贴近叶归，在他脸上"啵"了一下，脸红心跳地退回来问道："这样行不行？"

叶归心脏猛跳，当众被吻了，脸颊迅速红了，忘记了这是在课堂上，想起自己滑下石板坡，宁萌扔下登山杖，跃起抓住自己，四目相对的情形，他可以肯定，从那时便喜欢上了她。宁萌用课堂纪律掩盖慌张，逃到教室后面，贴着Linda坐下，她的眼中有异样的光芒。

新员工们被这个举动震撼了，这是什么情况？难道宁总和叶教练是一对儿？再看宁萌逃走，更加搞不清楚情况。Linda走到叶归身边宣布："课程之后要考核，先是笔试，然后是角色扮演，模拟拜访客户，我、麒麟总、叶教练和宁萌总扮演客户。"她走到课堂中间说道："商场如战场，不合格的士兵绝不能上前线，摧毁信心，浪费生命，或许你们是很好的设计师、财务和服务人员，不该走销售这条路。有言在先，不适合做销售的人会被转去其他岗位。"

学员们如临大敌，轻松的培训变成了考试和淘汰？Linda详细解释了规则，业绩仍然占大头，这次学习和考试只占据很小的比例，大多数人放心下来。第一节课是叶归讲授价值竞争销售方法论，Linda的课程名叫《关键销售对话》，覆盖了四个核心的销售能力，宁萌的题目是《销售漏斗管理》，讲述销售流程和表格使用方法。

因为考试带来的压力，学员不敢懈怠，第一天晚上，有一组学员熬到凌晨一点，自以为功课做足，第二天才发现自己竟是睡觉最早的那一组。训练中有极大的压力，千锤百炼，心态和能力在不知不觉中塑造，如同百炼钢化为绕指柔。两天时间飞快，课堂空出两个座位，他们连续两个季度都在末尾，加上考核失败，昨晚被接回北京，丧失了再次走入课堂的资格。

课程即将结束，宁萌走上讲台致辞："课程结束就是春节，先祝大家节日愉快，无论老板还是同事，都没有爸妈的恩情大，我们忙碌一年该陪陪父母了。所谓孝顺，关键在于顺，听话，两代人观念不一样，和爸妈相处没有对错是非，就一个字：顺。"

宁萌是勇敢的也是孝顺的，在家庭中，女人比男人更重要，好女人要孝敬父母，体贴丈夫，照顾子女，好女人还要有自己的事业。叶归骄傲地望着宁萌，她笑着问大家："爸妈让你多吃点儿，怎么办？"

"吃！"

"爸妈让你去相亲，怎么办？"

"相。"

"爸妈想早些抱孙子孙女，怎么办？"宁萌有意无意地看着叶归。

"生。"

"对象都没有和谁生？过节抓紧时间谈恋爱，有老婆的不许。"宁萌调整着考试带来的紧张气氛，"我们休假结束就将回到商场，用学到的技能去拼，为了自己，为了家人！去拼！"

Linda走上来，她过了宁萌充满梦想的年纪："鸡血，我就

第五章 赋能　179

不打了,当初公司给我灌迷魂汤,我心里想,骗傻子吗?大家是不是也是这么想的?"

众人被说中心事儿,唯有黑莉莉敢说:"我们在北京不容易,别总打鸡血,拿出实惠最靠谱。"

"对,做销售不就是赚钱吗?赚钱买房成家没什么丢人的。话说回来,别觉得宁萌总的鸡汤没用,我过了五六年才知道,当初给灌鸡汤的人没骗我,眼光放长远些。"Linda看了眼叶归,灌鸡汤的人就是他,叶归不好意思苦笑,在宁萌耳边说:"当初我们没融资,只能灌鸡汤。"

Linda亲自操刀向柠檬设计注资,随后担任副董事长,设立重奖:"萌总说了,今年让大家多赚些!我就怕大家不想赚,大声点儿,想不想?"

"想!"众人异口同声,唯独洪大姐冒出一声:"想疯了。"

"我宣布两项大奖,很简单,按照下个季度的销售收入排名,前五十名都有奖!"屏幕一闪,奖励金额跳了出来,第一名十万元向下递减,第五十名的金额只有一千元,众人一起鼓掌,Linda翻了一页:"第二个奖项,按照智能家居的合同排行,也从十万元递减!"这是她的私心,激励销售团队卖自己的产品,这个激励机制经过推敲,既保证公司不吃亏,又为销售团队大大放水。

"如果销售收入和智能家居都拿第一,怎么办?"洪大姐摩拳擦掌。

"您怀着孩子呢?"老吕是上季度的北方区销售冠军,是洪大姐的强劲对手。

"医生说了，胎儿稳定，孕妇要多运动。"洪大姐有理有据地反驳。

Linda 继续展示奖金，奖励依据第一个季度的排行，最快进步奖专门为新人设置，中奖率极高，人人都有希望。她关上电脑问："这份奖励将贴在最明显的墙上，排名每周更新，我只想问一句，有信心把钱赚走吗？"

"有！"在真金白银面前，说不想要是虚伪的。

"赚钱要靠本事，这两天的课程就是帮你们提升本事，好好消化。下周起，叶教练提炼出三板斧，大伙儿运足力气，三板斧抡起来，把钱抱回家！"

3. 快速赋能

叶归和宁萌推动变革，从财务报表上还看不出实效，但在销售报表中体现了出来，如果按照圈地、开荒、播种、锄草、收割来形容销售流程，现在遍地青苗，只待茁壮成长和收割。正月十五之后，叶归和宁萌一起来到柠檬设计的办公室，等待春节后的第一份报表。

电脑"叮咚叮咚"，一份份销售报表传来，全在第一季度，宁萌问道："能做到目标吗？"当时 Linda 吹牛被宁长晟和王勤旺嫌弃，如今盆里和锅里都是满满的商机，王勤旺见到 Linda 只能露出谄媚的笑容。

"当上总经理，就只顾家里生意了，偏心。"叶归取笑宁萌，把商机汇总打印出来,"在销售体系中,能力体处在最底层,很多人认为和销售流程关系不大,但这就像篮球比赛,销售流程相当于战术,指挥体系如同教练,能力决定传球、投球和抢篮板的水平。指挥和流程再强大,没有技能也毫无用途。柠檬设计能够屹立不倒,还是因为当初爸爸打下的底子,我们只是发扬光大。"

宁萌暗暗发誓,要把爸爸的团队再带上一个台阶。"销售能力包括倾听提问、顾问式销售、面对竞争和拜访决策者四种能力,我们团队还处在初级水平。"叶归笼统地概括,"销售能力分成五个层级:第一层是会说,滔滔不绝,天花乱坠,只要在公司参加过产品培训就可以了;第二层是会提问,我们前面谈到的顾问式销售、面对竞争主要就是提问技巧,让客户多讲才是以客户为中心。"

宁萌有些诧异,在她眼中十分高深的销售技巧只在第二个层面。叶归点点头说道:"第三层是会听,随着客户的兴趣点转变话题,而不是审问;第四层是会看,体现在观察和照顾客户情绪上;第五层是用心,融会贯通,从心所欲,心无外物,岳飞曾说过'阵而后战,兵法之常,运用之妙,存乎一心',这也是销售的最高境界。"

岳飞是宁萌尊敬的英雄,对此十分向往,不禁问道:"你达到最高境界了吗?"叶归是商业奇才,年纪轻轻就能达到普通人一辈子都不能想象的高度。

"我算有些天赋,主要在技术方面,在销售上总犯迷糊。"

叶归想起曾经犯的错，觉得自己像傻瓜。

"为什么迷糊？"宁萌善于从对方的话语中找到提问点，而不是无脑乱问。

"私心。"叶归不得不承认，自己遇到宁萌之后有了强烈的私心。

"私心就一定不好吗？"宁萌猜出了叶归的心事儿，逼他承认。

"人有七情六欲，不是商业机器，私心也很美好。"叶归话只说了一半，这是他和宁萌的相处模式，他们在一起大都在谈工作，感情的话题往往一带而过，"我们团队处在第一个阶段和第二个阶段之间，倾听能力有限，如果加强提问，拜访变成审问，反而不好。普通人训练两周，可以做到会说，经过三到六个月的实战，可以掌握提问能力，一到两年学会倾听，三到五年学会照顾情绪，绝大多数人到此为止，终身达不到用心的阶段。"

"这么长时间？"宁萌吃惊，公司不能等这么久。

"这就是程咬金三板斧！我们没有必要把每个人都培养成顶尖高手，用最简单快捷的方法来训练。"叶归一直在思考办法，如果不能赋能，销售流程的作用将极其有限。

4. 倾听提问

倾听和提问技巧包括开场白、提问、倾听、介绍和邀约五个步骤，这是核心销售能力，不仅用在销售早期和内线的沟通、了解客户现状、组织结构、关键客户个人信息等，在顾问式销售、面对竞争、拜访高层时都要用到。

倾听提问			
初级	入门	良好	优秀
没有为自己"贴标签"，立对客户没有价值的人设；在开场白中没有打消客户负面情绪，客户不知道你的价值；沟通过程中，听说问的比例不合理，说得过多，介绍没有针对性，不知道客户的需求是什么，无的放矢；在沟通过程中，不能抓住客户的兴趣点，无法协商出有效的下一步行动	客户可以接受的专业形象；能够在开场白中自我介绍；通过询问掌握部分客户需求，并有针对性地介绍，对需求掌握并不全面清晰和没有共识；介绍比例过高，有推销的嫌疑；在沟通结束时，没有抓住客户兴趣点，但仍然能够邀约下一步行动；在产品、技术和关系过硬的情况下，可以得到部分订单	通过专业的形象取得良好的第一印象；在开场白中能够表述价值，激发客户兴趣，打开沟通空间；能够全面、清晰、有共识地掌握客户需求，以客户为中心，而不是以产品为中心；介绍简短，能说到关键点上，在沟通过程中，能够留意客户的兴趣点，并产生下一步邀约	有亮点的专业形象；在开场白中为自己"贴标签"，建立良好的人设，激发客户沟通欲望；灵活使用开放提问、因果提问、排除提问、提示提问，让客户畅所欲言，介绍一针见血，字字珠玑，善于打动客户；在沟通过程中，留意客户提问，捕捉兴趣点，自然而然协商下一步行动，推动销售发展

叶归在屏幕上展现出能力模型，这是用于招聘和绩效考核的工具，宁萌看了许久问："你刚才说销售能力可以分成五级，为什么能力模型又分成四级？"

"五级涵盖四种核心销售技能，是模糊的概念，属于中式文化；这个能力模型针对每种技能，对行为有比较清晰的描述，易于在招聘和绩效考核中使用，是西式文化。"叶归又拿出一张表格说："赋能十分复杂，这里还有一张行为表，用于培训和辅导。"

步骤	行为	话术
开场白	寒暄和自我介绍，"贴标签"，立人设	
	介绍拜访价值	
倾听	听出话中之话以及背后的内容	
	有目光、笑容和点头的反馈并进行记录	
	有必要的确认和重复	
	观察和照顾客户情绪	
提问	通过开放性提问深入挖掘需求	
	通过排除式提问全面挖掘需求	
	通过因果式提问挖掘需求背后的需求	
	在客户拒绝回答时，使用引导式提问	
	使用总结式提问进行确认，再次鼓励客户说出需求	
邀约	避免长篇大论地推销产品、服务和公司	
	根据客户的提问，找出兴趣点	
	选出两三个兴趣点，作为"钩子"	
	用选择法提议下一步行动计划	

这个表格涵盖沟通的主要步骤和提问方式，确实很复杂，

仅能覆盖早期拜访客户收集资料、顾问式销售、面对竞争和拜访决策者还有同样篇幅的内容,销售团队掌握起来很困难。叶归指着表格最右侧说道:"每个客户情况都不一样,要求他们在拜访客户前把主要的话术写在里面,再去拜访客户。"

"很多人面对客户时心慌意乱,会回到以前推销的习惯。"Linda是过来人,深有体会,她现在是叶归派来的代表,担任柠檬设计副董事长,名正言顺地来到公司。

如果不能掌握卧倒、上子弹和瞄准的技巧,上战场是送死,销售能力也是这样。时间紧迫,改变习惯太难,宁萌一筹莫展。叶归走到办公室一角打开包裹,拿出一本黑色记事本:"姑且用这个试试吧,今天就发下去。"这是一本质地优良的销售专用记事本,每张页面包括客户需求、我的提问和客户的提问三个部分。叶归说道:"这就是三板斧,在拜访客户之前,把提问话术写上来,拜访客户时肯定会回到推销的习惯上,只要按照记事本的内容问出来也能有效果,习惯慢慢改吧。"

宁萌翻开记事本的第一页,叶归指着记事本中间说道:"您的要求是什么,还有其他要求吗?您的要求是这些,还有补充的吗?"叶归随口说了几句,针对表格中的开放提问、排除提问和总结提问。

"这么简单?"宁萌有些困惑。

"三板斧越简单越好,辅导近百名销售在拜访前填好话术,工作量不小啊。"叶归没有万全之策,近百名销售每周有七八次拜访,总共七八百次销售对话,客户的反应难以预测。

5. 顾问式销售

宁萌保持了学校的好习惯，学了就用，将销售报表打开，找到第一阶段的商机，一一和销售人员视频沟通，面授机宜，让他们在新的记事本做好备注。掌握销售技巧难，改变行为习惯更难，在记事本上琢磨好提问的问题，在拜访过程中问出来，带回节奏，虽然不能见奇效，但总算能立竿见影。

她忙完第一阶段的辅导，整理出第二阶段的商机，使用顾问式销售技巧激发需求，打算向叶归询问。叶归收好报表说："顾问式销售被很多企业当作核心能力，风行一时，很多人把它当作法宝，没事儿就去戳客户痛点，客户烦不胜烦。其实顾问式销售不能用于了解客户背景信息，不能用于引导购买标准和屏蔽对手，更不能用于成交。尤其店面销售，当客户来到专卖店、汽车4S店和售楼处的时候已经有了需求，需要使用顾问式销售技巧再戳一遍痛点吗？可是在很多销售教材里，顾问式销售仍然适用于全部，就像逼迫飞行员学习步枪射击，却不练习操控飞机和发射导弹。"

宁萌摊开能力模型，叶归更多是站在管理角度讲述销售，宁萌没有实战经验，主要靠死记硬背，欠缺很多亲身体会，这真的是没有办法，只好囫囵吞枣。

顾问式销售			
初级	入门	良好	优秀
以产品为中心的推销，没有帮助客户发现并解决问题；在没有激发客户需求前，盲目介绍产品的特点、优势和益处；没有掌握现状提问、痛点提问和影响提问的顾问式销售方法	没有事先通过内线掌握客户的基本情况；现状提问过于冗长，迟迟难以进入痛点的挖掘；没有分清楚症状、痛点和影响的因果关系，客户在沟通过程中的价值感不强烈；很少使用影响提问，难以确定客户对痛点的接受度，有隔靴搔痒的感觉	在沟通前通过内线掌握客户基本情况；通过简短的现状提问迅速合理地切换到客户痛点；当一个痛点受挫时，能够切换到另外一个痛点；通过影响提问帮助客户意识到问题的严重性和紧迫性，激发客户的购买需求	通过内线全面掌握客户信息；拜访前准备了两个到三个痛点，现状提问直指痛点，一个痛点受挫时能转向另一个；能够通过影响提问，询问战略、流程、组织和个人的影响；在获益提问中确认客户态度是敷衍还是认真；能够协商出下一步行动计划，促使客户确定购买时间和预算

宁萌对这种格式已经很熟悉，接着问道："三板斧是什么？"

叶归不懂建筑设计和装修行业，笼统说道："客户的痛点是什么？症状是什么？影响是什么？这些痛点真的需要解决吗？"宁萌匆匆记录，出门和销售团队开会讲授去了，她发现，听叶归讲一遍，大概只能明白十之一二，当她记了笔记，再向团队讲一遍的时候，自己就能再深入理解一层。

6. 面对竞争

面对竞争的销售方法论是传统销售理论中欠缺的重要一环，叶归自己摸索出一套理论和方法，常打得竞争对手措手不及。

宁萌低头去看能力模型，好在这个表格是对行为的描述，很容易理解。"第一板斧，询问购买标准；第二板斧，推荐三种解决方案；第三板斧，分析利弊，砍翻对手。"叶归有些无奈，方法论说过太多遍，话术才可以见效，只能寄希望于销售团队，在拜访前自己琢磨出来。

"你好像说过，我们的销售懂得产品，了解了客户需求，但是对竞争对手的产品两眼一抹黑。"宁萌立即看出了难点。

"嗯，我们还要做个工作坊，集思广益，完善方法论的工具，做好购买标准和竞争分析的表格，这样才能形成话术，一般的销售人员不具备这个能力。"

"好的，我尽快安排。"宁萌行动力和判断力都很强，让叶归非常欣赏。

面对竞争			
初级	入门	良好	优秀
不会攻击对手，导致在面对竞争时无能为力；只介绍自己产品的特点、优势和益处，没有掌握面对竞争的方法和话术	不善于引导购买标准，只介绍自己在某个指标上的优势，而不是构建竞争壁垒；在销售过程中，过于注重产品优点，忽略了产品缺点，主观推销，不能站在客户角度分析每种产品的利弊	摆脱传统的推销模式，使用正确的话术挖掘和引导客户的主要购买标准；不强行推销自己的优势，帮助客户分析每种采购方案的优点和缺点，使采购对自己有利	对产品和行业有深入的认知；熟练掌握购买标准及其内涵，了解客户的购买标准并进行引导，建立坚强的竞争壁垒；站在客户角度，帮助客户货比三家，分析自己和竞争对手的优势和劣势，对自己的劣势提出补救方案，帮助客户意识到竞争对手产品缺陷的危害

7. 拜访决策者

每次宁萌和叶归聊完之后都会和三个大区进行视频会议，和他们讨论话术，这次还要安排工作坊，用了一整天时间。下班的时候，宁萌回来见到叶归还在，不禁说道："你有自己的公司，不能总在我这里。"

"我不是不放心你吗？"叶归在等着宁萌下班。

"你不要等我下班，以后我下班去你公司。"宁萌觉得叶归太腻乎了，不过她很喜欢，"你们新办公楼就要开始使用了，还记得你说过的话吗？"

"你下班这么晚，我想让你早些回家吃饭休息，而不是让你到公司陪我。"叶归请柠檬设计设计和装饰公司大楼的时候，公开宣布要和女朋友在公司吃饭看电影，但是他从不强迫宁萌："我既然公开说了，肯定要做到，那我以后在公司等你。"

"别因为我耽误你的工作，'从此君王不早朝'。"宁萌也需要一些独处时间，现在叶归把她完完全全包裹起来了。

"小宁萌，'春宵苦短日高起'，才有了'从此君王不早朝'。"叶归带着宁萌暂时离开 Linda 的视线，悄悄说道，"我们都忙着工作，一周都见不到几次，要不然，我们也'春宵苦短日高起'。"

"哼，你要学唐明皇，我可不做杨玉环。"宁萌大概猜到了叶归的想法。

"我想请你继续体验智能家居产品。"叶归改了说辞,劝宁萌搬到自己家。

宁萌不喜欢这个说法,她期待纯粹的感情:"我俩认识之后,别人都以为我俩在办公室谈恋爱,其实天天在梳理销售流程。我去你家,别人以为我俩花前月下,其实拿着表格一天到晚测试智能家居。"

叶归碰了壁,就不再撞墙了:"好吧,听你的。"

宁萌知道了叶归的想法,仍然要好好考虑一下,和他住在一起是重要的决定,不能草率,说道:"该下一步了。"

"你说得太对了,不能成天聊工作,"叶归牵着宁萌向外走,"至少先吃晚饭。"两人离开办公室,去了宁萌喜欢的饭馆,点了餐,叶归笑着说道:"射人先射马,擒贼先擒王。"

"哈哈,你又来了。"宁萌打开记事本,赋能正在关键时刻,确实需要尽快向下传授。

饭菜还没到,叶归说道:"决策者见多识广,注重价值,他们财力充沛,对吃喝玩乐没有兴趣。他们往往白手起家打下基业,公司才是他们心安之处,寄托了强烈的情感。"叶归在宁萌的记事本上写下拜访决策者的能力模型:

拜访决策者			
初级	入门	良好	优秀
罗列产品，使用"大幅的""有效的"等模糊的词汇；拿不出清晰量化的价值；针对决策者关心的购买风险进行否认或者淡化，拿不出切实可行的预防和补救计划	能够区分决策者和其他购买角色的不同，聚焦在清晰和量化的价值，而不是产品的特点和益处以及性价比；针对客户的顾虑，通过询问挖掘客户担心之处，在打消顾虑时，使用"您放心""没问题"等词汇，忽视客户的顾虑心，拿不出针对性的解决方案	能够识别出决策者的行为特点，在前期调研中，充分发掘客户痛点，在拜访决策者时，罗列痛点和影响，使用价值建议书证明清晰的投资回报率，帮助客户做出购买决定；当发现客户存在顾虑时，会先处理心情，再处理事情，拿出预防和补救计划，打消客户的顾虑	做了充分准备，对拜访决策者充满信心，在开场白对客户表示敬意，迅速切换到痛点；使用恰当的销售工具，证明清晰量化的价值，帮助客户做出采购决定；敏锐识别到客户顾虑，找到根源，通过预防和补救计划，打消客户顾虑；在成交阶段据理力争，拿到合同和预付款，完美达成销售

宁萌记录下来，这个表格用于主管辅导和绩效考核，并不是话术，于是问道："还留了一手？"

叶归担心宁萌吃不透，没有拿出话术表，故意笑着说："我如果都拿出来，以后没有东西可以教你，你怕是会跑了吧？"

宁萌和叶归相处中绝不落下风，回答说："如果我跑了，你不会追吗？"

叶归警觉起来，她难不成真有计划，只是记在心里并不说出来，接着说："我详细讲讲，决策者时间有限，不要太多客套，第一板斧先夸奖对方取得的成绩，伸手不打笑脸人嘛！第二板斧列举痛点和风险，第三板斧算出投资回报率，争取三分钟搞定。"

"装修工程的投资回报率怎么算？"宁萌追问道。

叶归拿自己的写字楼举例："第一是效率，比如我们是互联网公司，不喜欢浮夸和没用的设计，把空间利用好，这栋大楼投资几十个亿，多创造出百分之五的空间，意味着一个亿的土地和建筑价值。第二，我们公司提倡平等文化，把餐厅、健身房和娱乐设施设计好，最好有家庭活动室，加班的时候能把孩子带来，假设每个员工安心在公司多工作十分钟，能带来多少价值？第三，主管的办公区域要小，放在犄角旮旯就行，会议室朝内，把窗边风景好的位置留给一线员工，可以省出多少空间？第四是工期，如果能够提前完工，我们的办公室是租的，每天多少租金？这也是价值。"

宁萌知道了话术，叶归取出话术表格交给她："我还有啥保留，命都是你救回来的。"他举起筷子向宁萌说道："吃饭吧，我俩的恋爱谈的真是独特，每天都在聊销售流程、表格工具和话术。今天总算告一段落了，真的再也不想碰这些了。"

宁萌何尝不是如此想，只是她临危受命，用了三个月止住公司下滑的势头，前路漫漫，哪里有尽头？她靠在叶归肩膀轻声说道："叶归，非常感谢你，如果没有你的陪伴，我真的不知道方向。"

8. 工具

七夕长河烂，春夜明月光。

宁萌和叶归躺在院子里的藤椅上，望着灿烂星空，仿佛回到初识的时光。

"我回公司后,柠檬设计就靠你和麒麟了。"叶归"造血"和"输血",大大推了柠檬设计一把,终是要回到自己的公司,柠檬设计进入互联网和设计、装修的交叉区域,再不是一家单纯的装修公司,这是一个无人区,即将有重量级的对手杀入。

"我不怕。"宁萌一直都是勇敢的。

"爱惜身体,累了就告诉我。"叶归随时支援宁萌,不用担心生意。

宁萌忽然转身,她心里埋藏着一个问题需要问清楚:"回答我一个问题。"

"好啊。"叶归看着她认真的神情,笑出声来。

"如果回答不好,我就不搬到你家。"宁萌不允许感情中有任何杂质。

叶归吃了一惊:"这么严重?"

宁萌在心里压了很久:"你扮猪吃老虎,到底为了什么?这是一个选择题,答案A,你对销售流程感兴趣,刚好柠檬设计需要,你兴致勃勃来实施。"她故意抛出一个不可能的答案,让叶归排除。

叶归果然摇头:"我疯了吗?"

宁萌给出第二个答案:"答案B,为了你的宏图霸业,收购柠檬设计,完善产品线,向客户提供完整智能家居解决方案,获得最佳的客户体验。"这是她最不喜欢的答案,初心不对,难得始终。

叶归摇头否认:"不是这样,二叔找投资四处碰壁,你也请我帮助解决资金问题，我才让投资部门和二叔接触。"

宁萌相信了叶归，说出第三个选项："答案C，你在山上遇险被我救了，为报恩才来帮我。"

叶归困惑，这的确是他来到柠檬设计的原始动机，于是问道："如果我选这个答案，你会怎么做？"

这是困扰宁萌的关键："如果这样，你救了公司和爷爷，已经报恩了，你心里不用再有任何亏欠。"

叶归明白了她的心意，她要的是真心，不是因为报恩带来的感情，说道："我掉下悬崖的时候，你刚好在我身边，是巧合吗？"宁萌回想那段下山的旅程，他好像一直跟在身边。叶归说道："下山后登山队就要解散，我们各奔东西，很可能再也见不到你，我只知道你的昵称，连名字都不知道，我不想再见不到你，我冒着生命危险跑到你身边，从背包里掏出手机，想做一件特别俗气的事情。"

"什么？"宁萌得到了满意的答案，却想再听叶归说一遍。

"扫码加微信，但那个石板坡特别滑，我拿手机的时候，脚滑就摔倒了。"叶归如实招来。

"你冒着生命危险，乱加姑娘微信！"宁萌板起脸来。

"再不敢了。"叶归笑起来，见宁萌还揪着不放，拿出一沓表格说："销售流程是一套体系，我整理了全部的工具，打印出来放在手边，随时参考。"拿出第一套表格摆在宁萌面前，"组织几次研讨会，包括一线销售、设计师、销售主管、产品经理，完成这六张模板，整理出来自己的销售方法论。记住，这六张表格供销售团队参考，只有超级大项目才需要详细填写，这也是销售主管检查销售线索的工具。"

使用者	名称	使用时间	内容
公司	客户信息表	销售线索到达相应阶段时	客户背景资料，通常包括客户规模性质和相关产品使用状况等信息
	客户关系发展表		潜在发起者、决策者、设计者、评估者的关系阶段、性格和兴趣爱好、推进关系的计划
	痛点影响表		我们产品能够解决的问题，以及常见症状和影响
	价值建议书		解决方案和明确量化的价值，以及投资回报率分析
	引导购买标准表		客户采购主要的评估标准，我们和主要竞争对手在这些购买标准上的表现
	竞争分析表	销售线索到达相应阶段时	我们和主要竞争对手的产品差异和利弊，针对我们的弊端提供补救计划，对于对手产品的缺陷，让客户明白危害的严重性
	缓解风险表		列出主要的购买风险，以及针对性的预防计划和补救计划

叶归做了细致的安排，将全部表格装订在一个文件夹里，宁萌有些郁闷又有些不舍说："别人花前月下谈恋爱，我俩都在聊销售流程。"

"何当共剪西窗烛，却话漏斗夜雨时。"叶归改了李商隐的小诗,小雨淅淅沥沥滴在伞盖上倒也应景,他取出第二套表格,"这是主管使用的表格,在销售例会和辅导中使用。"

使用者	名称	使用时间	内容
主管	漏斗指标表	每周	计算出容量类和流动类指标,用于销售例会的辅导
	销售目标表	每周	将结果和漏斗指标细分到每周,并用绿、黄、红、黑四种颜色标出每周的进展,用于销售例会的辅导策略
	销售漏斗检查表	每周	在销售例会或者辅导时,检查销售漏斗每个阶段关键动作是否完成

宁萌使用了几个月的表格,十分熟悉,叶归拿出第三套表格:"一线销售填写的只有这两份,填写报表每周不要超过十五分钟,越简单越好,客户拓展计划表每季填写一次,要向主管汇报和讲解。"

使用者	名称	使用时间	内容
一线销售	销售报表	每周	包括客户、项目名称、产品、金额、销售阶段等信息的表格,尽量使用下拉菜单,简化和标准化录入;当流程固定后,可以用 CRM 软件替代
	客户拓展计划表	每季度	每个季度根据 RAD 模型,列出全部潜在客户,以及市场计划和需要的支持和资源,这是确保漏斗饱满的关键

"这是最后一套表格了,四个销售技能的话术表,用于课堂训练,四个能力模型用于招聘和年底的绩效考核。"一共八张表格。

使用者	名称	使用时间	内容
考官	倾听提问	训练	开场白、倾听、开放提问、排除提问、因果提问、提示提问、总结提问,发现客户兴趣点,邀约
	顾问式销售技巧		现状提问、影响提问、痛点提问和获益提问
	面对竞争		询问购买标准,针对优胜指标、致命指标和沉睡指标的引导话术,利弊分析和屏蔽对手
	拜访决策者		称赞客户取得的成绩,列举挑战、痛点和影响,提供解决方案,以及量化的投资回报率(投入产出比)分析
主管	倾听提问能力模型	绩效考核	四种核心销售能力在初级、入门、良好和优秀四个阶段的行为描述,主管观察下属行为,进行评估和打分
	顾问式销售能力模型		
	面对竞争能力模型		
	拜访决策者能力模型		

"总共二十张表格,销售流程好复杂。"宁萌一张张数着表格,她和叶归回到北京之后,大多数时间都在讨论和使用这些报表,即便吃饭也在聊销售漏斗,恋爱历程很独特,有遗憾又有甜蜜。

"解脱了,自由了。"叶归把二十张表格放回文件夹,搂住宁萌说:"总说我扮猪吃老虎,其实啊,应该改一个字。"宁萌困惑,叶归说道:"扮猪吃老婆。"说完向宁萌深深吻了下去。

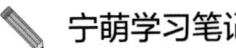 **宁萌学习笔记**

销售能力模型

销售流程包含了销售管理体系、销售方法论和能力体系。能力模型是定义和衡量销售能力的工具，包含了倾听提问、顾问式销售、面对竞争和拜访决策者四种核心销售能力，在销售流程的相关阶段使用技巧，才能确保销售线索健康发展，避免流失或者停滞。

训练和赋能

在梳理销售流程时应该对销售团队进行赋能，完成心态、方法和能力的转变，这样才能与销售流程相辅相成。赋能包括针对一线销售团队的销售方法论和销售技巧训练，也包括主管的目标细分、颜色管理、辅导和激励能力。赋能是将理论和实际相结合的关键，战训结合，实战出真知。公司可以在训练结束后宣布销售报表和销售例会规定，这也意味着销售流程正式开始实施。

倾听和提问

在传统销售技巧中，销售团队应该全面、清晰、有共识地挖掘客户需求。倾听提问技巧包含了开放提问、排除提问、因果提问、提示提问和总结提问五种。销售团队应该避免主观假设，真正以客户为中心。倾听提问技能不仅用于销售初期收集客户资料，还要和顾问式技巧、面对竞争技巧、拜访决策者技巧搭配，广泛用于销售的每个环节。

顾问式销售

我们还应该成为客户信赖的顾问，帮助客户发现需求，并提供解决方案。顾问式销售技巧是经典和广泛认可的销售技能，通过现状提问、痛点提问、影响提问和获益提问，激发客户需求。

面对竞争

竞争也是销售的本质，传统销售方法论和技巧围绕客户需求，忽略了竞争的方法和技巧。面对竞争包含了帮助客户建立购买标准，扬长避短，避免杀敌一千自伤八百。向客户推荐产品时，避免强迫症般的推销，为客户提供三种解决方案，分析利弊，屏蔽竞争对手，达成双赢。面对竞争的销售技巧包括询问客户购买标准并进行引导，并提供多种采购方案的利弊分析等步骤。

拜访决策者

决策者在立项和决策阶段决定购买预算、购买时间以及最终合作供应商，做出决策的依据是投资回报率并考虑购买风险，也就是可行性分析，应该使用价值建议书尽早拜访决策者。拜访决策者包括开场白、汇报痛点和影响，证明解决方案的价值，阐述投资回报率等步骤。

后 记

1996年我在IBM时开始接触销售漏斗管理，那时IBM推广OMSYS（Opportunity Management System），记得当时大中华区总经理的第一句话是：你可以选择不使用OMSYS系统，但是请你今天提出辞职报告。当时觉得销售漏斗管理太简单了，就是把商机分成几个不同的阶段，录入系统中，烦恼在于那个复杂的难用的系统。

等我开始带销售队伍的时候，才知道销售漏斗管理的难度，用来收集下属的商机，看看能不能达成目标，问题随之而来，商机常没有目标多，这时就要想办法，列客户清单，挖地三尺找出客户的商机，然后麻烦越来越多，这些商机能够拿下吗？这取决于销售团队的能力，压力极大，哪有时间慢慢培养能力？直到发现销售漏斗中的工具表格既是检查的工具，也是辅导的工具，通过战训结合，找到了提升销售能力的捷径。

这条路我摸索了十几年，即便我还有当时最强大的培训体系的支持。很多企业只有类似的报表，销售能力培养和销售漏斗管理脱节，一线销售人员的销售方法和销售管理流程脱节，几乎很少有一家企业真正把销售方法、销售技巧、销售报表、销售例会、销售辅导融会贯通。

本书中的柠檬设计就是一家这样的企业，宁萌代父出征，在叶归的帮助下推行销售漏斗管理，在商场争锋。小说的方式更侧重于理论的应用，而不是理论本身，希望大家可以随时带着这本书，得到阅读的乐趣，同时收获丰富的理论和方法。

关于销售方法和销售漏斗管理的更多内容，请关注微信公众号"价值竞争"。

付遥
2023年7月